Reise Kalender Friedrichs des Großen

1. Auflage, Mail 2011.

info@berlin-historica.de - www.berlin-historica.de

Umschlaggestaltung, Layout: Christine Faust

ISBN 978-3-939929-17-8
€ 19,80

Olaf Kappelt

Reise Kalender Friedrichs des Großen

für das Jubiläumsjahr anno 2011

Trilogie Kalendarium Fridericianum
Band 3

Vita des Autors Olaf Kappelt

Seit vielen Jahren lebt er vom Lesen, Schreiben und Erzählen. Erfolgreich arbeitet er als freiberuflicher Künstler und Historiendarsteller in Berlin und Potsdam, insbesondere als Darsteller Friedrichs des Großen. Mit szenischen Lesungen, Tafelrunden und unterhaltsamen Stadtführungen begeistert er sein Publikum. Spielerisch schlüpft er nahezu täglich in die Rolle des legendären Preußenkönigs und verzaubert eindrucksvoll und lebendig sein Publikum. Im Urteil von TOP-Guide Berlin gilt das von ihm produzierte hochwertige Kulturprodukt als die "ungewöhnlichste Sightseeing-Tour der Welt!" Gewürdigt von Bundeskanzler Gerhard Schröder und dem Bundestagspräsidenten finden seine Auftritte als "Friedrich der Große" nationale und internationale Beachtung.

Olaf Kappelt ist Gründungsmitglied von QUO VADIS, dem Autorenkreis für den historischen Roman und gehört dem Verband deutscher Schriftsteller (VS) an. Geboren wurde er 1953 südöstlich von Berlin in Altdöbern, aufgewachsen ist er im östlichen Westfalen im ehemals preußischen Staatsbad Oeynhausen. Vorfahren mütterlicherseits standen einstmals in königlich-preußischen Diensten. Seit seiner Kindheit befasste er sich mit der brandenburgischen Landesgeschichte.

Von 1975 bis 1978 studierte er an der Fachhochschule Bielefeld Sozialwesen. Sein Berufspraktikum absolvierte er in der Kreisverwaltung Minden-Lübbecke. Anschließend erfolgte seine staatliche Anerkennung als Diplom-Sozialarbeiter durch den Regierungspräsidenten in Detmold. Zwischen 1976 bis 1983 engagierte er sich im Rahmen der europäischen Jugendbewegung sowie als Initiator und Leiter des Brüsewitz-Zentrums zur Förderung der Bürgerrechtsbewegung in der DDR. Erste Buchveröffentlichungen bescherten ihm 1981 und 1987 die persönliche Verfolgung durch DDR-Staatssicherheitsminister Erich Mielke, der ihn zum Staatsfeind erklärte und durch eine Sondereinheit auszuschalten trachtete. Seine wissenschaftliche Ausbildung mit Magister-Examen und Promotion zum Doktor der Philosophie erfolgte in Würzburg an der Julius-Maximilians-Universität. Seine Studienfächer waren Soziologie, Staatsrecht und Kirchengeschichte. Zur Finanzierung seines Studiums betätigte er sich im Bereich der Tourismuswirtschaft an der Romantischen Straße. In Rothenburg ob der Tauber leitete er mehrere Hotelbetriebe und versuchte das marode mittelalterliche Hotel Bären zu sanieren. Zuvor war er als Kommunalgeschäftsführer in Bremerhaven tätig. Im Herbst 2000 zog es ihn zurück zu den Wurzeln seiner Familie nach Berlin. Erreichbar ist der Autor unter: www.koenig-friedrich.de .

Inhaltsverzeichnis

Vorwort

Viele Tage und manche Jahre seines Lebens verbrachte Friedrich der Große auf Reisen. Er durchstreifte Mitteleuropa und machte mal hier, mal da Station. An vielen Orten hielt er Rast. In Ostfriesland und Böhmen, im Harz und am Niederrhein, in Westfalen, Bayern, Württemberg, Sachsen, Anhalt, Pommern, Schlesien sowie West- und Ostpreußen nahm er Quartier. Über eintausend Ortschaften hat der König durch Urbarmachung von Brachland gegründet. Um die Orte seines Wirkens ranken sich bis heute Legenden, die von Generation zu Generation weitererzählt wurden. Dieser Reisekalender zeichnet detailliert Zeit und Orte seines Wirkens nach und macht deutlich, seine Reiseaufenthalte sind Jahrhunderte später noch unvergessen.

Friedrichs kleiner Jubiläumskalender erscheint im Jahr vor seinem 300. Geburtstag unter Verwendung sämtlicher persönlicher Aufzeichnungen des legendären Herrschers. Friedrich von Preußen war zeitlebens ein leidenschaftlicher Büchersammler. Er besaß nicht nur in allen seinen Schlössern eine umfangreiche Bibliothek, sondern gleichsam eine Feld- und Reisebibliothek. Auf jeden seiner Büchereinbände ließ er einen Buchstaben prägen, der den Standort des Buches bezeichnete. Analog dazu findet der Leser auch auf diesem Buch auf dem Rücken die Abkürzung „R“ für Reisebibliothek. Der Reiskalender ist ausweislich keine fiktive Erzählung über Friedrich den Großen, sondern die Kalenderdaten basieren auf den eigenhändigen Angaben Friedrichs II., unter Hinzuziehung der persönlichen Anmerkungen seiner Hofchronisten und den Aufzeichnungen seiner Zeitgenossen. Diesen Datenfundus des Königs hat der Autor bezogen auf die Jubiläumsdaten für das Jahr 2011 eingehend ausgewertet. Die daraus entstandenen kurzweiligen autobiografischen Kalenderinformationen werden in diesem dreibändigen Werk veröffentlicht. Dieser 3. Band handelt von seinen Reiseaufenthalten, Band 2 behandelt sein Leben in Potsdam und Band 1 die Zeit, die Friedrich von Preußen in seiner Geburts- und Regierungshauptstadt Berlin verbrachte. In den nächsten Jahren sollen weitere Ausgaben dieser Buchreihe folgen.

Das Besondere an dem literarischen Kalenderwerk ist, das der Autor sich spielerisch in die Rolle des Königs begibt und aus der Retrospektive eine Identität zwischen Autor und Erzähler schafft. So verschmelzen Autor und König. Aus diesen geschichtlichen Quellen und Erzählungen ergibt sich eine lesenswerte Mischung, die der Autor lebendig in der Ich-Form präsentiert. Diese Form der

Darstellung setzt in Verbindung mit eigenen Elementen des Autors einen hohen Objektivitätsanspruch voraus. Selbstverständlich erhebt das Werk nicht den Anspruch auf Vollständigkeit. Für weitere biografische Hinweise über Friedrich von Preußen aus der Leserschaft ist der Autor sehr dankbar.

Wer mit dem Autor persönlich in Verbindung treten möchte, der kann dies gerne tun. Unter der E-Mail-Anschrift

contact@koenig-friedrich.de

ist dies jederzeit möglich. Ebenso erscheint der Autor auf Wunsch zu einer Lesung und schlüpft dazu gerne in die Original-Königs-Verkleidung.

Auf Reisen, im Frühjahr 2011

Heute hier – morgen da:
Friedrich der Große auf Reisen

Anno 2011

… 299 Jahre nach meiner Geburt

… 280 Jahre nach dem Ende meiner Inhaftierung in Küstrin

… 275 Jahre nach meiner Quartiernahme in Schloss Rheinsberg und der Reise ins Herzogtum Preußen, wie damals Ostpreußen genannt wurde

… 271 Jahre nach meiner Thronbesteigung

… 270 Jahre nach meinem feierlichen Einzug in die schlesische Hauptstadt Breslau und meinem Sieg bei Mollwitz

… 265 Jahre nach meinem Kuraufenthalt in Bad Pyrmont

…260 Jahre nach dem Besuch von Ostfriesland, Wesel, Minden und Bielefeld

… 255 Jahre nach meiner Teilnahme am Weihnachtsgottesdienst in der Dresdener Kreuz-Kirche

… 250 Jahre nach meinem Winteraufenthalt in Leipzig und meinem Spaziergang durch die Meißener Porzellan-Manufaktur

… 225 Jahre nach meinem Tod

Der Januar
- lateinisch Januarius oder altdeutsch Hartung

Steinbock und Wassermann beherrschten auch zu meiner Zeit als Sternzeichen den Januar. Der Steinbock-Mensch galt als ehrlich und bodenständig. Mit seiner zurückhaltenden Art hatte er manchmal Probleme, Kontakte zu knüpfen. Im alten Babylon galt der Steinbock als Gott Ea, der einen Fischschwanz trug und als Antilope des Meeres bezeichnet wurde. Er stieg aus der Tiefe des Meeres auf, um den Menschen Weisheit zu vermitteln.

Ich allerdings kam nicht als Steinbock zur Welt. Anno 1712 erblickte ich im Zeichen des Wassermanns das Licht der Welt. Der Wassermann-Mensch wurde bekanntlich als sehr unternehmungslustig beschrieben und seine Unabhängigkeit erschien ihm äußerst wichtig. Der Wassermann-Mensch ließ sich nicht in vorgegebene Ordnungen und Systeme pressen. So rebellierte ich gegen die Ordnung meines Vaters und ein jahrelanger Vater-Sohn-Konflikt nahm seinen Lauf. Der Wassermann galt als anspruchsvoll, verbunden mit hohen idealistischen Zielen, die nicht immer mit der nüchternen Realität in Einklang gebracht werden konnten. So war das auch bei mir. Ich schrieb in Ruppin und Rheinsberg als Kronprinz meinen „Antimachiavell" und als König versuchte ich im scheinbaren Widerspruch dazu, den Erfordernissen der Machtpolitik zu genügen.

Im griechischen Mythos wurde der Wassermann als Jüngling Ganymed dargestellt, der von einem Adler zum Olymp getragen wurde. Bei mir war das fast ähnlich. Mein Vater bezeichnete mich einstmals verächtlich als aufgehende Sonne, und anno 1740 ward es so weit. Der alte König Friedrich Wilhelm war tot. Es lebe der neue König Friedrich.

Einer alten Bauernregel zufolge musste es im Januar krachen, wenn der Frühling soll lachen. Ein anderer Bauernspruch besagte: Ist der Januar warm und nass, bleiben leer Scheune und Fass. Der Januaris galt in preußischen Landen als der kälteste Monat des Jahres, mit den meisten Minustemperaturen und anhaltendem Dauerfrost. Weil es im Januar oftmals viel Schnee gab, nannte Karl der Große diesen Monat Schneemonat.

Die meisten Vögel hatten sich aus Preußen weg in wärmere Zonen verzogen. Es ward die Zeit des Winterschlafs, vielfach nicht nur für die Tiere des Waldes, wo Hamster, Ziesel, Igel, Dachs und Murmeltier ihre Körpertemperatur reduzierten, Herzschlag und Atmung verlangsamten und ihren Stoffwechsel mittels körpereigenen Fettreserven aufrechterhielten. Sondern auch Preußens Hofgesellschaft versuchte hinter dicken Residenzmauern zu überwintern. Auch die Bürger und Bauern, ja selbst die Soldaten verbrachten mehr oder weniger zurückgezogen jetzt ihre Winterruhezeit. Sogar kriegerische Auseinandersetzungen unterblieben meistens. Die Waffen ruhten. Die Soldaten hatten sich ins Winterquartier verzogen.

Das Volk jubelt in Breslau, der Hauptstadt Schlesiens

Januar-Geschichte:

Auf Reisen, 3. Januar anno 1741 vor 270 Jahren:

Königlicher Einzug in Breslau

Unmittelbar vor meinem ersten Einzug in die Stadt Breslau bezog ich vor dem Schweidnitzer Tore im Scultetischen Gartenhaus Quartier. Die alten Privilegien der Reichsstadt Breslau war ich gewillt, zu achten. Es gärte in den 100 000 Herzen der Stadt und vielen der protestantischen Bewohner galt der König von Preußen als Befreier von katholischer Vorherrschaft. Ein Großteil der evangelischen Bürgerschaft lehnte die österreichische Vorherrschaft ab. Wortführer war neben anderen Parteigängern Preußens der beliebte Schuhmacher Johann Christian Döblin. Obgleich er zu den katholischen Bürgern der Stadt gehörte, hatte er mit kräftiger Rückendeckung der Zünfte vom Rat der Stadt in einer tumultartigen Sitzung verlangt, auf eine Verteidigung zu verzichten und sich für neutral zu erklären. Durch seine preußenfreundliche Agitation erwarb der kleine „Beischuster“ meine Gunst. Ich schenkte ihm zweitausend Thaler und ernannte ihn im Folgejahr zum königlich preußischen Hofschuhmacher. Fortan besaß er das Recht zum Lederausschnitt, was ihm als „Beischuster“ versagt gewesen war.

Nur wenige preußische Soldaten hatte ich im Gefolge und so gelang es mir, im schnellen Lauf ohne Blutvergießen die Stadt zu erobern. Zuerst wurden die Vorstädte besetzt, aber es war eine durchaus sehr delikate Operation, denn es sollte keinem die Haut geritzt werden. Möglichst friedlich und gewaltfrei, unter Wahrung der Rechte der Stadt, sollte die Übergabe der schlesischen Hauptstadt an den König von Preußen erfolgen.

Der Syndikus Gutzmar und die Ratsdeputierten kamen in der Frühe um 8 Uhr in prächtigen Staatskarossen dahergeritten. Sie mussten eine Weile warten, da ich bereits selber ausgeritten war, um eigenhändig die Lage zu erkunden. Die Bürgerwache und die Stadtsoldaten zogen auf. Die bisher verschlossen gehaltenen Stadttore öffneten sich und so empfing ich im Soldatenquartier des Gartenhauses in der Vorstadt die Deputierten der Stadt.

Hernach zog der königliche Tross in die Stadt ein: der königliche Küchen- und Proviantwagen, Maultiere mit Zimbeln und reich gestickten Schabracken, die das königliche Silberservice trugen; der königliche Wagen, sehr prächtig und mit herausgeputztem Geleite, dreißig Mann der königlichen Leibwache ritten voraus. Aber die neugierigen Bürger am Wegesrand erspähten im königlichen Wagen nur einen Hermelinmantel. Er ist fein säuberlich auf den Sitzen ausgebreitet, aber kein König ließ sich darin erblicken. Der Kutscheneinzug fand ohne mich statt. Ich war erneut ausgeritten, genau genommen in Begleitung einiger weniger Vertrauter, ritt ich trotz der klirrenden Kälte vom Südosten her einmal um die Stadt herum.

Um 12 Uhr mittags ward es dann so weit. Hoch zu Pferde, neben mir General Schwerin und hinter mir einige meiner besten Offiziere, darunter Borcke und Posadowsky. Es folgten Pagen und dergleichen, immer noch vorneweg ging der Stadtmajor mit gezogenem Degen und bahnte dem König den Weg. Ich trug keine Krone, nur meinen dreieckigen Hut und meinen blauen Soldatenmantel, beide wohl etwas abgenutzt. Besonders ins Auge fielen mein prächtiger Schimmel und vier scharlachrote, silbergalonierte Läufer, die eine gewisse Kleiderpracht erstrahlen ließen. Überall standen die Menschen in den Straßen und Fenstern. Freudig grüßte ich in alle Richtungen und ritt so im Tross der Bürgermassen die Schweidnitzer Gasse hinauf, über den Großen Ring und hernach die Albrechtsgasse hinunter.

Der Kaufmann Johann Georg Steinberger schilderte den Einzug meines Gefolges in seinem Tagebuch: „lauter extra schöne, wohl qualificirte, galant mundirte Leute“. Alle Augen waren auf uns gerichtet und nach Steinberger erweckten wir bei den schlesischen Frauenzimmern „starken Liebreiz“. Es habe „manche lieber heut noch einen jungen Brandenburger gehabt“ als morgen.

Ich stieg im Gräflich Schlegenbergischen Hause ab, der Mietwohnung des abwesenden österreichischen Kardinals von Sinzendorf, Primas von Schlesien. Seine Möbel ließ ich vorsichtig auf die Seite räumen und eilte sogleich auf den Balkon des hohen Priesterhauses, um mehrere Minuten dort dem Volke zuzuwinken. Nun hielt ich Mittagstafel. Etwas mehr als dreißig Gedecke wurden aufgelegt und ich speiste mit dem Obersyndikus Gutzmar. Das Essen fiel bescheiden aus, da aufgrund der Kürze der Zeit nicht mehr vorbereitet werden konnte. Aber am zweiten Tag ward das Mittagsmahl schon etwas üppiger ausgestattet.

Auf meinen Befehl hin mussten die noch störrisch in der Stadt verharrenden österreichischen Behörden binnen 24 Stunden die Stadt verlassen. Das österreichische Oberhofamt verschwand leiblich aus Breslau und wurde dort niemals wieder gesehen. Das dortige Kommando übernahm der talentierte Küstriner Ludwig Wilhelm von Münchow. Am dritten und letzten Tag meines Aufenthalts in der Stadt gab ich einen großen Ball im Redoutensaal, der ganz offiziell für diesen Zweck angemietet wurde. Sämtliche Standespersonen erhielten von mir eine Einladung und ich zahlte für jede Person einen Dukaten. Um 6 Uhr am Abend machte ich mich auf dem Weg zum Ball und eröffnete ihn mit der Gräfin von Schlegenberg, in deren Haus ich die Ehre hatte zu logieren. Ich zeigte mich sehr huldvoll, mied aber ansonsten das Tanzbein zu schwingen. Ich sprach und lächelte mit diesem und jenem. Gegen 10 Uhr zog ich mich zurück. Die Festgesellschaft verharrte noch bis tief in die Nacht mit Tanzen und Speisen.

Sonnabend, 1. Januar 2011 *Vor 250 Jahren anno 1761* fiel der **Neujahrstag** auf einen Donnerstag und ich feierte ihn dieses Jahr **in Leipzig**, wo ich mein Winterquartier aufgeschlagen hatte. Schon seit dem 8. Dezember ward ich in der Stadt.

Sonntag, 2. Januar 2011 *Vor 270 Jahren anno 1741* ward dies ein Montag. Ich weilte **in Breslau** und habe seit gestern mein Quartier in der Vorstadt bezogen, im „Scultetischen Panoskaschen Garten“. Unter meiner persönlichen Anführung wurde die zur Stadt gehörende Dominsel besetzt. Fürs Erste schloß ich ein Neutralitätsvertrag mit der Stadt, der einer Kapitulation der bisherigen österreichischen Stadtregierung gleich kam.

Montag, 3. Januar 2011 *Vor 270 Jahren anno 1741* fiel dieser Tag auf einen Dienstag, da empfing ich in meinem Quartier die Breslauer Deputierten und hielt hernach offiziell Einzug in der schlesischen Hauptstadt.

Dienstag, 4. Januar 2011 *Vor 250 Jahren anno 1761* war dies ein Sonntag. Ich weilte **in Leipzig**, wo ich die zurückliegenden Festtage verbracht hatte.

Mittwoch, 5. Januar 2011 *Vor 270 Jahren anno 1741* ist dies ein Donnerstag. Ich verblieb **in Breslau**.

Donnerstag, 6. Januar 2011 *Vor 270 Jahren anno 1741* war dies ein Freitag. Ich zog heute von Breslau aus weiter südlich nach **Rothsürben**.

Freitag, 7. Januar 2011 *Vor 270 Jahren anno 1741* ward dies ein Sonnabend. Ich weilte in Niederschlesien, in **Marschwitz** bei Ohlau, wo ich noch bis zum 9. Januar verblieb.

Sonnabend, 8. Januar 2011 *Vor 270 Jahren anno 1741* ward dies ein Sonntag und ich hielt mich in **Marschwitz** bei Ohlau auf. Mein Bruder ***August Wilhelm*** und **Graf *Keyserlingk*** reisten heute von Berlin ab, um sich mit mir in Breslau zu treffen. Unterwegs erwischte es den armen Keyserlingk mächtig. Er erkrankte und bekam ein heftiges Fieber.

Sonntag, 9. Januar 2011 *Vor 270 Jahren anno 1741* ward dieser Tag ein Montag. Ich weilte in Schlesien, **in Klein-Oels**, morgen ging es weiter nach Grottkau und Nowag, wo ich dann die nächsten zwei Tage verbrachte.

Montag, 10. Januar 2011 *Vor 270 Jahren anno 1741* hielt ich mich an diesem Tag, der damals ein Dienstag war, im schlesischen **in Grottkau** auf.

Dienstag, 11. Januar 2011 *Vor 255 Jahren anno 1761* ward dieser Tag ein Sonntag und ich residierte zu **Leipzig**.

Mittwoch, 12. Januar 2011 *Vor 270 Jahren anno 1741* ward dies ein Donnerstag. Ich befand mich **in Woitz** in Schlesien, dort verblieb ich bis zum Morgen.

Donnerstag, 13. Januar 2011 *Vor 250 Jahren anno 1761* ward dies ein Dienstag. Ich befand mich im Winterquartier **in Leipzig**, wo ich die zurückliegenden Festtage Besuch von meinen Neffen und Nichten erhielt. Sie gingen nunmehr nach Magdeburg zurück, wo sich der Hof hinbegeben hat, um sich vor den Widrigkeiten des Siebenjährigen Krieges zu schützen.

Freitag, 14. Januar 2011 *Vor 270 Jahren anno 1741* ward dies ein Sonnabend und ich weilte in Oberschlesien, **in Ottmachau**. Ich verblieb hier bis zum 25. Januar.

Sonnabend, 15. Januar 2011 Vor 310 Jahren anno 1701 ward dies zu Königsberg der Gründungstag des preußischen Königreichs. Drei Tage später fand die Krönung meines Großvaters als König Friedrich I. statt. Vierzig Jahre hernach, *vor 270 Jahren anno 1741* war dies ein Sonntag. Ich hielt mich im Grenzgebiet zwischen Nieder- und Oberschlesien auf, in **Ottmachau**, wo ich mein Soldatenquartier nahm. Von dort aus begab ich mich heute nach **Neisse** und besichtigte dort die Stadt, wo die habsburgischen Truppen sich heftig den preußischen Angriffen zur Wehr setzten.

Sonntag, 16. Januar 2011 *Vor 270 Jahren anno 1741* war dies ein Montag. Ich habe mein Quartier im Schlesischen bei Ottmachau. Von dort aus besuchte ich heute **in Neisse** den Feldmarschall ***Kurd Christoph von Schwerin***, wo ich die

Festungwerke in Augenschein nehme.

<u>Montag, 17. Januar 2011</u> Vor 250 Jahren anno 1761 ward dieser Tag ein Sonnabend, den ich **in Leipzig** verbrachte. Dort wohnte ich schon den ganzen Winter hindurch im Apelschen Hause am Neumarkt Nr. 16.

<u>Dienstag, 18. Januar 2011</u> Das ward der Krönungstag Preußens. *Vor 250 Jahren anno 1761* war dies ein Sonntag und ich verharrte weiterhin im Winterquartier **in Leipzig**.

<u>Mittwoch, 19. Januar 2011</u> *Vor 250 Jahren anno 1761* ward dies ein Montag, an dem ich in Leipzig residierte.

<u>Donnerstag, 20. Januar 2011</u> *Vor 250 Jahren anno 1761* ward dieser Tag ein Dienstag. Ich führte an diesem Tag **in Leipzig** eine Unterredung mit ***Johann Ernst Gotzkowsky***, einem der mächtigsten Manufakturbesitzer und Kunstagenten des Landes. Er besaß bedeutsame Wirtschaftsverbindungen in ganz Europa.

<u>Freitag, 21. Januar 2011</u> *Vor 250 Jahren anno 1761* ward dies ein Mittwoch. Ich verharrte **in Leipzig** im Winterquartier.

<u>Sonnabend, 22. Januar 2011</u> *Vor 270 Jahren anno 1741* ward dies ein Sonntag. Ich weilte in Schlesien **in Ottmachau**, nahe Oppeln, im Grenzgebiet zwischen Nieder- und Oberschlesien.

<u>Sonntag, 23. Januar 2011</u> *Vor 270 Jahren anno 1741* ward dies ein Montag, der Vorabend meines 29. Geburtstages. Ich feierte ihn fern der Heimat bei meinen Soldaten in Schlesien im Quartier von **Ottmachau**.

<u>Montag, 24. Januar anno 1761</u> *Vor 250 Jahren anno 1761* fiel mein heutiger **49. Geburtstag** auf einen Sonnabend, den ich **in Leipzig** ohne großes Hofzeremoniell verbrachte.

<u>Dienstag, 25. Januar 2011</u> *Vor 270 Jahren anno 1741* ward dies ein Mittwoch, an dem ich von **Ottmachau** in Schlesien aufbrach, um nach Berlin zurückzukehren. Morgen machte ich in ***Langenbielau*** am Fuße des Eulengebirges und in ***Schweidnitz*** Zwischenstation. In vier Tagen erreichte ich Berlin.

<u>Mittwoch, 26. Januar 2011</u> *Vor 275 Jahren anno 1736* ward dies ein Donnerstag. Als Kronprinz kehrte ich zu meinen Soldaten **nach Ruppin** zurück, wie aufmerksame Beobachter vermerkten.

<u>Donnerstag, 27. Januar 2011</u> *Vor 270 Jahren anno 1741* ward dies ein Freitag. Ich befand mich auf der Rückreise von Schlesien nach Berlin. Heute durchstreifte ich die Gegend von **Liegnitz** in Niederschlesien.

<u>Freitag, 28. Januar 2011</u> *Vor 270 Jahren anno 1741* ist dies ein Sonnabend. Auf meinem Rückweg von Schlesien nach Berlin machte ich **in Neustädtel** am Weißfurth Zwischenstation. Morgen erreichte ich Berlin.

<u>Sonnabend, 29. Januar 2011</u> *Vor 250 Jahren anno 1761* ward dieser Tag ein Donnerstag und ich residierte **in Leipzig**.

<u>Sonntag, 30. Januar 2011</u> *Vor 275 Jahren anno 1736* ward dies ein Montag, an dem ich als Kronprinz meinen väterlich verordneten Soldatenpflichten **in Ruppin** nachzugehen hatte.

<u>Montag, 31. Januar 2011</u> *Vor 275 anno 1736* ward dies ein Dienstag. Der Tag verging, so wie so viele Tage, **in Ruppin**. Die ganzen nächsten Wochen musste ich meinem Soldatendienst nachgehen, wie mein Vater von mir verlangte.

Der Februar
- lateinisch Februarius oder altdeutsch Hornung

Der Februar ward für uns nicht nur der kürzeste Monat des Jahres, sondern gleichsam sehr trübe und oftmals mit Regen und gefährlichem Hochwasser verbunden. Manchmal brach im Februar in Brandenburg-Preußen die sibirische Kaltluft ein. Betroffen war besonders davon Preußen, also der Teil des Landes, der als Ostpreußen bezeichnet wurde.

Bei Bauern und Soldaten gingen Mitte Februar in der Regel das Stubenhocken und der Winterschlaf vorbei. Die harte Arbeit in Wald und Feld, Garten und Weinberg hatte begonnen. Die Natur bereitet sich merklich auf den Frühling vor.

Wassermann und Fische beherrschten als Sternzeichen den Februar. Der Wassermann hatte den Ruf der Kontakt- und Vielseitigkeit. Der Wassermann-Mensch war sehr auf seine Unabhängigkeit bedacht und galt als unternehmungslustig. Dabei zeigte er sich vielfach vernunftbestimmt und sein Erfindungsreichtum wurde allenthalben gepriesen. Durch seinen Idealismus geriet er manchmal mit der nüchternen Realität in Konflikt, konnte aber durch Wandlungsbereitschaft die entstehenden Probleme lösen. Der Fisch wurde als sehr friedliebend, mit Hang zur Spiritualität beschrieben. Als Regent des Meeres und der Fische galt seit alters her Neptun. Er verlieh allen im Zeichen der Fische Geborenen eine Neigung zur Abgeschiedenheit, einen ausgeprägten Sinn für das Private. In der Antike galt der Fisch als Rettungssymbol, später als Symbol für Jesus Christus.

Am 2. Februar wurde Maria Lichtmess gefeiert. An diesem Tag schauten wir immer besonders auf das Wetter. Denn eine alte Bauernregel besagte: Scheint zu Lichtmess die Sonne heiß, so gibt es noch viel Schnee und Eis. Eine andere Bauernregel lautete: Im Februar viel Schnee, im Sommer viel Klee.

Der König dankt den Klosterbrüdern

Februar-Geschichte:

Auf Reisen, 27. Februar anno 1741 vor 270 Jahren:

Wundersame Errettung durch die Klosterbrüder von Kamenz

Das gestrige Gefecht bei Baumgarten im schlesischen Gebirgsland zwischen Wartha und Silberberg entschied ich siegreich für mein Land. Doch die Österreicher sannen auf Rache. Bei Wartha erreichte mich die Nachricht, dass der Feind beabsichtigt, mich durch einen waghalsigen Reiterüberfall gefangen zu nehmen. Mir blieb nichts anderes übrig, als ein wüster Schwarm österreichischer Kroaten mir auf den Fersen lag, den Schutz der nahen Klostermauern zu „Camenz“ zu suchen.

Der dortige Klosterbruder Amandus Fritsch begrüßte mich sehr freundlich. Er sagte: „Gesegnet sei Eingang und Ausgang in diesem Haus“. Im nahen Frankenstein läuteten die Sturmglocken, weil die Österreicher ihre Vorposten bis nach Frankenstein geschickt haben. Doch die Frankensteiner hatten dem König von Preußen Treue geschworen. Nun riefen sie alle wehrhaften Bürger zum Kampf, um ihre Treue unter Beweis zu stellen. Und der Abt des Klosters fürchtete den baldigen Einzug des österreichischen Generals Graf Wallis, der mit seinem Stab sich hinter den Klostermauern häuslich niederzulassen gedachte. Vom Zimmer des Abtes aus bot sich eine wundervolle Aussicht in die Weite der Landschaft. Ringsum begrenzten Berge den Horizont. Mitten drin leuchtete die Riesenkoppe mit ihrer Schneespitze auf. Einen Moment betrachtete ich die Schönheit der Natur, in der sich die Harmonie der göttlichen Ordnung spiegelte. Aber es galt nicht viel Worte zu machen, der Abt des Klosters erkannte die Notlage, in der ich mich befand. Die Kroaten waren mir auf den Fersen. Ihr Kriegsgeschrei drang bereits in die Klostermauern.

Der Abt steckte mich unverzüglich in ein Chorkleid seiner Zisterzienserbrüder und ich schritt langsam an seiner Seite in den Chorraum der Klosterkirche, hinab in den unteren Raum des Kirchenschiffs. Der Abt hatte mit mir die Kirche durch das Hauptportal betreten. Die versammelten Klosterbrüder waren sehr erstaunt, da nun einen ihnen unbekannten Gast im Klostergewand zu erblicken. Doch der Abt befahl zu schweigen. Er erteilte den Befehl, dass keiner der Brüder ein Wort mit dem Anderen wechseln dürfte. Forschende und durchbohrende Blicke lagen auf mir, dem neuen unbekannten Klosterbruder, als ich unter dem Gesang der Klosterbrüder mit Abt Amandus langsam und feierlich das Kirchenschiff durchschritt und am Altar verweilte. Jeder schien zu fühlen, dass hier etwas Ungewöhnliches, Seltsames im Gange sei. Doch der Befehl zu schweigen war erteilt und Gehorsam galt als die erste Pflicht der Kosterbrüder. So begann ich sogleich in Gemeinschaft der Brüder zu beten und die „Metten“ zu singen, während die Kroaten bereits die Abtei nach mir durchsuchten.

Mit ihren Gewehrkolben stießen die wilden Gestalten drohend an die Kirchentüren und begehrten Einlass. Der wurde ihnen freilich gewährt. Lautes Rufen und Poltern übertönten den Klostergesang. Mit gezogenem Degen durchstreiften die Panduren das Kirchenschiff. Jede Nische wurde von den Eindringlingen durchsucht. Doch der Gottesdienst ging weiter. Als fremder Klosterbruder stand ich vorm Hochaltar und als Abt Amandus das Paternoster anstimmte, da verließen die Kroaten mit viel Lärm die heiligen Hallen. Draußen durchsuchten sie ein zweites Mal alle Nebengebäude und so schnell sie gekommen waren, so verließen die Kroaten das Zisterzienserkloster.

Bereits eine Stunde später rollte die schwere Kirchenkarosse des Abtes den Klosterberg von Kamenz hinab. Im Wagen saß ich an der Seite von Abt Amandus. Wir schlugen die Straße nach Frankenstein ein. Ich war gerettet. Unweit des Tores hielt der Wagen und zur Verwunderung des Kutschers stieg da nicht ein Abt aus der Klosterkutsche, sondern ein Soldat in der wohlbekannten preußischen Uniform. Ich dankte dem Abt für seine Hilfe und sagte: „Ich werde diese Tat nie vergessen, denn ohne ihren Beistand wäre ich heute in feindliche Gefangenschaft geraten."

Der Reiterüberfall der Österreicher blieb durch die Treue der Klosterbrüder erfolglos und ich wurde vor der feindlichen Gefangennahme tatsächlich bewahrt. Den Klosterbrüdern zu „Camenz" blieb ich in Dankbarkeit verbunden. Der beherzte Abt Amandus überlebte den Überfall der Kroaten leider nur kurze Zeit. Im Jahr darauf war er bereits verstorben. Zu seinem Nachfolger Tobias Stusche pflegte ich geradezu ein freundschaftliches Verhältnis. Er ward seit 8. Oktober anno 1742 der Nachfolger von Abt Amandus geworden. Zwischen Abt Tobias und mir entwickelte sich über viele Jahre hinweg eine intensive Brieffreundschaft. Bei jeder sich bietenden Gelegenheit besuchte ich ihn als Abt und Prälat des fürstlichen Stifts in Kamenz. So entstand fälschlicherweise das Gerücht, meine wundersame Errettung sei Abt Tobias zu verdanken. Doch bei meiner Notaufnahme im Kloster ward Tobias Stusche noch Geistlicher im Dorfe Reichenau und Amandus Fritsch der weise Herr von Kloster Kamenz.

Dienstag, 1. Februar 2011 *Vor 275 Jahren anno 1736* ward dies ein Mittwoch. Ich befand mich **in Ruppin** und versah meinen Regimentsdienst als Oberst, so wie mein Vater es verlangte. Er hatte mir nach den Haftqualen von Küstrin das Goltzsche Regiment übertragen. Es ward benannt nach dem früheren Chef von Goltz und trug nunmehro den Namen „Regiment Cronprintz". Zuvorderst ward es auf die Städte des Havellands verteilt. Jeweils eine Kompanie ward in Perleberg, Pritzwalk, Lentzen, Wittstock, Kyritz und Nauen stationiert. Mit meiner Regimentsübernahme wurde es unter meiner Leitung in Nauen und Ruppin konzentriert.

Mittwoch, 2. Februar 2011 *Vor 275 Jahren anno 1736* ward dies ein Donnerstag, an dem die Mäßigkeiten meines Soldatendienstes **in Ruppin** meinen Tagesablauf beherrschten.

Donnerstag, 3. Februar 2011 *Vor 275 Jahren anno 1736* ward dieser Tag ein Freitag. Es gab keine besonderen Vorkommnisse, ich wartete auf frische Fischlieferungen aus Hamburg.

Ansonsten versah ich meinen Regimentsdienst **in Ruppin**, so wie mein Vater es forderte.

Freitag 4. Februar 2011 *Vor 275 Jahren anno 1736* ward dies ein Samstag, an dem ich nach wie vor meinem Soldatendienst **in Ruppin** nachging.

Sonnabend, 5. Februar 2011 *Vor 270 Jahren anno 1741* ward dies ein Sonntag. Gestern traf ich von Berlin kommend **in Ruppin** ein. Ich blieb hier die nächsten fünf Tage. In meiner Reisebegleitung befanden sich mein Bruder ***August Wilhelm*** und ***Ferdinand von Braunschweig***, er war der jüngere Bruder meiner Frau und Oberst meiner Armee.

Sonntag, 6. Februar 2011 *Vor 275 Jahren anno 1736* ward dies ein Montag. Ich versah Tag für Tag meinen gleichförmigen Soldatendienst **in Ruppin**. Doch ward ich da mein eigener Herr, zwar immer noch unter dem Kuratell meines Vaters, aber ich konnte doch meinen Neigungen in vielfacher Natur nachgehen.

Montag, 7. Februar 2011 *Vor 275 Jahren anno 1736* ward dies ein Dienstag. Die Zeit verstrich monoton, der Dienst im blauen Rock forderte mein diszipliniertes Handeln. Tag aus Tag ein war ich **in Ruppin** gebunden.

Dienstag, 8. Februar 2011 *Vor 270 Jahren anno 1741* ward dies ein Mittwoch, an dem ich **in Ruppin** für zwei Tage Quartier bezog. Morgen ging es wieder zurück nach Berlin.

Mittwoch, 9. Februar 2011 *Vor 250 Jahren anno 1761* ward dies ein Montag. Ich befand mich seit Wochen im Winterquartier **in Leipzig**.

Donnerstag, 10. Februar 2011 *Vor 275 Jahren anno 1736* ward dies ein Freitag. Anno dazumal wollte ich liebend gerne meinem kronprinzlichen Dienst entweichen, doch der Alltag ließ mir keine Zeit dazu. Der Soldatendienst **in Ruppin** forderte seinen Preis.

Freitag, 11. Februar 2011 *Vor 250 Jahren anno 1761* ward dies ein Mittwoch. Ich verharrte fortwährend in meinem Winterquartier **in Leipzig**.

Sonnabend, 12. Februar 2011 *Vor 250 Jahren anno 1761* ward dies ein Donnerstag, den ich **in Leipzig** verbrachte.

Sonntag, 13. Februar 2011 *Vor 275 Jahren anno 1736* ward dies ein Montag. Das Wochenende hatte ich versucht, individuell zu gestalten. Der anstrengende Dienst im blauen Rock gestaltete sich wenig abwechselnd. Ich war gefesselt an mein Regiment **in Ruppin**. Aber ich durfte es befehlen, fast so, wie ich es wollte.

Montag, 14. Februar 20011 Vor 250 Jahren anno 1761 ward dies ein Sonnabend und ich weilte **in Leipzig**.

Dienstag, 15. Februar 2011 *Vor 250 Jahren anno 1761* ward dies ein Sonntag, an dem ich **in Leipzig** im Winterquartier residierte.

Mittwoch, 16. Februar 2011 *Vor 275 Jahren anno 1736* ward dies ein Donnerstag. In- und ausländische Spione observierten meinen Alltag, um zu erfahren, was ich so heimlich oder unheimlich trieb. Aber es ging recht ordinär zu, beim täglichen Soldatendienst **in Ruppin**.

Donnerstag, 17. Februar 2011 *Vor 250 Jahren anno 1761* ward dies ein Dienstag. Ich weilte im Winterquartier **in Leipzig**.

Freitag, 18. Februar 2011 *Vor 250*

Jahren anno 1761 ward dies ein Mittwoch und ich residierte immer noch **in Leipzig**.

Sonnabend, 19. Februar 2011 *Vor 270 Jahren anno 1741* ward dies ein Sonntag. In der Frühe reiste ich von Berlin aus wieder in Richtung Schlesien ab. Zuvorderst traf ich in **Frankfurt an der Oder** ein. Mein Schwager ***Ferdinand von Braunschweig*** befand sich in meiner Begleitung, ebenso mein Freund ***Algarotti***. Am Abend gegen 7 Uhr erreichte meine Reisegesellschaft mit mir **Crossen** an der Oder, wo ich bis zum morgigen Tag verblieb.

Montag, 20. Februar 2011 *Vor 275 Jahren anno 1736* ward dies ein Montag. Ob ich wollte oder nicht, immer noch als Soldat stationiert **in Ruppin**.

Montag, 21. Februar 2011 Vor 270 Jahren anno 1741 ist dies ein Dienstag. Ich befand mich in Schlesien. Gestern traf ich in **Rauschwitz bei Glogau** ein. Hier verblieb ich bis zum morgigen Tag.

Dienstag, 22. Februar 2011 *Vor 275 Jahren anno 1736* war dies ein Mittwoch und gerne würde ich jetzt nach Berlin reiten, doch der Dienst **in Ruppin** erlaubte es mir nicht.

Mittwoch, 23. Februar 2011 *Vor 270 Jahren anno 1741* ward dies ein Donnerstag. Seit gestern hielt ich mich **in Liegnitz** auf und ging heute weiter nach **Schweidnitz**.

Donnerstag, 24. Februar 2011 *Vor 270 Jahren anno 1741* ward dies ein Freitag. Gestern traf ich **in Schweidnitz** ein. Hier wohnte ich drei Tage im Gräflich Hohbergschen Hause.

Freitag, 25. Februar 2011 *Vor 270 Jahren anno 1741* ward dies ein Sonnabend, an dem ich **in Reichenbach** Zwischenstation machte und dort Quartier nahm.

Sonnabend, 26. Februar 2011 *Vor 270 Jahren anno 1741* ward dies ein Sonntag. Von Reichenbach aus kam ich heute nach **Frankenberg**, einem Dorf am linken Neisseufer. Ich bezog hier für zwei Tage Quartier. Es galt, den Kampf um Schlesien fortzusetzen. Ich zog über **Silberberg**, **Wartha,** Frankenberg und wieder zurück. Bei **Baumgarten** ergab sich ein kleines Gefecht mit meinen Gegnern. Ich stand auf meinem Posten auf den wichtigen Gebirgspässen bei Wartha und Silberberg und es gelang mir, die Österreicher in die Flucht zu schlagen.

Sonntag, 27. Februar anno 2011 *Vor 270 Jahren anno 1741* ward dieser Tag ein Montag. Heute retteten mich die Klosterbrüder von **Kamenz** durch eine List vor feindlicher Gefangennahme.

Montag, 28. Februar 2011 *Vor 270 Jahren anno 1741* ward dies ein Dienstag. Ich hielt mich in Niederschlesien auf, gerade erst der österreichischen Gefangennahme entronnen, durchstreifte ich das Eulengebirge und stand am Pass von **Wartha**, am Tor zum Glatzer Land. Nächst verwichenen Tags kam Graf Rothenburg aus Paris an. Als Freund, Soldat und Diplomat erwies ***Friedrich Rudolf von Rothenburg*** mir große Dienste. 1735 heiratete er die Tochter eines französischen Generals, die er in Paris zurücklassen musste, um mir als Obrist im schlesischen Krieg zu helfen.

Der März
- lateinisch Martius und altdeutsch Lenzing

Nach alter klassisch-römischer Auffassung wurde der Jahresanfang am 25. März gefeiert und so wie die ersten drei Tage dieses Monats ausfielen, so sollte sich der alten Legende folgend das Wetter im Reigen des laufenden Jahres gestalten, von Frühling, Sommer, Herbst und Winter.

Es war der Monat des Frühlingsbeginns. Der Lenz ist da. Bis Ende des Monats stieg die Sonnenscheindauer auf bis zu vier Stunden und die Temperaturen konnten in Brandenburg-Preußen schon mal auf bis über 20 Grad klettern. Allerdings regnete es auch zumeist mehr als im Februar. Das Wetter blieb wechselhaft, mit gelegentlicher Neigung zu Kälteeinbrüchen und Schneefällen. Doch in diesem Monat grünte es bereits in Wäldern, Wiesen und Feldern.

Als Sternzeichen dominierten Fisch und Widder den März. Dem Fische-Menschen wurden mystische Neigungen zugesprochen. Der Fische-Mensch galt als fantasievoll und friedliebend. Der Widder verkörperte Energie und so sprudelte der Widder-Mensch voller Ideen, die er mutig und leidenschaftlich entfaltete. Er entfaltete sich oftmals als Pionier, der mit starkem Willen ausgestattet voranschritt. Doch manchmal erlag der Widder der Versuchung, mit dem Kopf durch die Wand gehen zu wollen, wodurch er manches Mal auf die Nase zu fallen drohte. Doch nach jeder Niederlage richtete er sich wieder auf und begann erneut sein Werk in Gang zu setzen.

Ein Porzellangeschenk für Sophie Karoline Camas

März-Geschichte:

Auf Reisen, 20. März anno 1761 vor 250 Jahren:

Ein königliches Herzensgeschenk aus Meißen

Meinen Aufenthalt in Meißen nutzte ich, um die Geheimnisse der dortigen Porzellanfabrikation zu ergründen. Die gewonnenen Erkenntnisse sollten zum Auftrieb der Porzellanmanufaktur zu Berlin beitragen, denn die Vervollkommnung der Porzellanfabrikation lag mir ungemein am Herzen.

Von Meißen aus schickte ich meiner mütterlichen Freundin Sophie Karoline Camas heute eine Dose aus Meißener Porzellan, auf der ein Hund ruhte. Frau Camas galt mir als eine Dame von großem Geist und edlem Herzen, die ich sehr verehrte. Sie leistete mir bereits in Schloss Rheinsberg Gesellschaft, als sie noch ihren Mädchennahmen Fräulein von Brandt trug. Seit 1736 gehörte sie zu meinem Hofstaat. Ich schrieb an Frau von Camas: „Ich schicke Ihnen, mein liebes Mütterchen, eine Kleinigkeit, damit Sie mein gedenken. Sie können diese Dose dazu gebrauchen, daß Sie Roth, oder Schönheitspflästerchen, oder

Tabak, oder Bonbons, oder Pillen hinein thun; aber welchen Gebrauch Sie auch immer davon machen mögen, denken Sie wenigstens, wenn Sie diesen Hund, dieses Sinnbild der Treue, ansehen, daß derjenige, der es Ihnen schickt, an Treue und Anhänglichkeit für Sie, alle Hunde der Welt hinter sich läßt, und daß seine Ergebenheit für Ihre Person nicht das Mindeste gemein hat mit der Zerbrechlichkeit der Materie, welche man hier zu Lande fabricirt. Ich habe hier für alle Welt Porzellan bestellt; für Schönhausen, für meine Schwägerinnen, kurz, ich bin jetzt nur an dieser zerbrechlichen Materie reich. Ich hoffe, daß diejenigen, denen ich dergleichen zuschicke, es für bares Geld nehmen werden, denn wir sind bettelarm, mein liebes Mütterchen; nichts bleibt übrig, als die Ehre, unser Schwert und Porzellan. Leben Sie wohl, mein Herzensmütterchen. Will es der Himmel, so werde ich Sie dereinst wieder von Angesicht zu Angesicht schauen, und Ihnen mündlich das wiederholen, was ich Ihnen bereits gesagt habe; allein, mag ich das auch drehen und wenden, wie ich nur kann, ich werde immer nur höchst unvollkommen Ihnen die Empfindungen meines Herzens für Sie ausdrücken."

Nach dem Tode ihres Mannes hatte ich Gräfin Camas zur Oberhofmeisterin meiner Frau Elisabeth Christine gemacht. Ihr Mann Paul Heinrich Thilo von Camas gehörte zu meinem Freundeskreis aus kronprinzlichen Jugendtagen, wo er meine soldatischen Kenntnisse beförderte. Als Oberst befehligte er nach meiner Thronbesteigung das Infanterieregiment Nr. 37.

Dienstag, 1. März 2011 *Vor 250 Jahren anno 1761* ward dies ein Sonntag. Ich hielt mich in meinem Hauptquartier **in Leipzig** auf.

Mittwoch, 2. März 2011 *Vor 250 Jahren anno 1761* ward dies ein Montag und ich weilte seit Monaten **in Leipzig**.

Donnerstag, 3. März 2011 *Vor 270 Jahren anno 1741* ward dies ein Freitag, wo ich bei **Brieg** in Schlesien mein Haupt niederließ.

Freitag, 4. März 2011 *Vor 270 Jahren anno 1741* war dies ein Sonnabend. Ich nahm bis morgen im niederschlesischen Dorf **Mollwitz** Quartier.

Sonnabend, 5. März 2011 *Vor 270 Jahren anno 1741* ward dies ein Sonntag, an dem ich **Ohlau** erreichte. Da verblieb ich bis übermorgen.

Sonntag, 6. März 2011 *Vor 270 Jahren anno 1741* ward dies ein Montag und ich weilte **in Ohlau** in Schlesien.

Montag, 7. März 2011 *Vor 250 Jahren anno 1761* ward dies ein Sonnabend, den ich **in Leipzig** verbrachte.

Dienstag, 8. März 2011 *Vor 250 Jahren anno 1761* ward dies ein Sonntag. Ich befand mich **in Leipzig**, doch bald beabsichtige ich, mein Quartier nach Meißen zu verlegen.

Mittwoch, 9. März 2011 Heute ist Aschermittwoch. *Vor 270 Jahren anno 1741* ward dies ein Donnerstag, der für die Österreicher damals gleichsam zu einem Aschermittwoch wurde. Ich befand mich an der Spitze meiner Truppen und in dieser Nacht nahmen wir **Glogau** ein. Hernach traf ich in **Schweidnitz** ein, wo ich die nächste Zeit verblieb. Erst am 21. März zog ich weiter.

Donnerstag, 10. März 2011 *Vor 270 Jahren anno 1741* ward dies ein Freitag an dem ich **in Schweidnitz** weilte und gemeinsam mit der örtlichen Besatzung die Eroberung von Glogau zünftig feierte, wobei ich in Person das Festkommando übernahm.

Freitag, 11. März 2011 *Vor 270 Jahren anno 1741* ward dies ein Sonnabend. Ich befand mich in **Schweidnitz.** In Berlin traf heute die Nachricht von der vor drei Tagen erfolgten Einnahme Glogaus ein.

Sonnabend, 12. März 2011 *Vor 270 Jahren anno 1741* ward dies ein Sonntag und ich verharrte **in Schweidnitz**. Heute ließ ich einen Dankgesang für die Einnahme von Glogau halten. Erleichtert nahm ich teil an dem **Te Deum,** dem Lob- und Dankgottesdienst. Meine Freunde ***Maupertuis*** und **Graf *Rothenburg*** gingen nach Breslau.

Sonntag, 13. März 2011 *Vor 275 Jahren anno 1736* ward dies ein Dienstag und ich weilte **in Ruppin**. ***Ulrich Friedrich von Suhm***, ehemals sächsischer Gesandter in Berlin, gehörte zu meinem geselligen Freundeskreis in Ruppin. Seit vielen Jahren war er einer meiner getreuen Vertrauten. Vielfach musste er Zeuge der schweren Konflikte sein, die ich mit meinem Vater durchzustehen hatte. Mein Vater argwöhnte, er sei 1730 in meine Fluchtpläne verstrickt gewesen, aber er hatte keinerlei Beweise gegen ihn in der Hand. Dennoch verlor der gute Suhm seinen Posten, aber verblieb in Preußen. Wegen seiner blassen Gesichtsfarbe nannte ich ihn immer nur „Diaphanes“, was so viel wie „der Durchsichtige“ bedeutete. Suhm ward es, der meine Kenntnisse in der Philosophie der **Aufklärung** vertiefte, insbesondere machte er mich mit den Gedanken des aus Halle verbannten Philosophen ***Christian Wolff*** bekannt. Heute schickte mir Suhm das erste Kapitel der Übersetzung der **„Metaphysik“** von Wolff. Nachfolgend gab mir Suhm immer wieder von ihm eigenhändig vom Deutschen ins Französische übersetzte Teile der Wolffschen Werke. Besonderes Interesse fanden bei mir Wolffs Ausführungen über „Vernünftige Gedanken von Gott, der Welt und der Seele des Menschen“. Abschnittsweise las ich dank der Handreichungen von Suhm mit gesteigertem Interesse die aufschlussreichen Werke von Wolff.

Montag, 14. März 2011 *Vor 270 Jahren anno 1741* ward dies ein Dienstag. Ich verharrte **in Schweidnitz** in Niederschlesien. Heute schrieb ich meinem Freund ***Jordan***: „Ich bin hier in einer vortheilhaften Lage und es geht mit uns ganz vortrefflich, aber dessen ungeachtet geht auch die Philosophie ihren Gang fort, und ich versichere dich, wenn ich den verwünschten Hang nach Ehre nicht hätte, so würde ich nur an Ruhe denken.“

Dienstag, 15. März 2011 *Vor 250 Jahren anno 1761* ward dies ein Sonntag. Ich befand mich **in Leipzig**. Doch schon am Mittwoch möchte ich in Chemnitz sein und am selbigen Abend in Freiberg.

Mittwoch, 16. März 2011 *Vor 275 Jahren anno 1736* ward dies ein Freitag. Ich musste meinen Soldatendienst **in Ruppin** nachgehen, auch am bevorstehenden Wochenende verblieb ich in der Provinzstadt.

Donnerstag, 17. März 2011 *Vor 250*

Jahren anno 1761 ward dies ein Dienstag. Das war nun mein letzter Tag **in Leipzig**. „Noch heute machte ich weg" nach **Meissen**. Dabei hielt ich an in Rochlitz, Chemnitz und Freiberg. Auch mein Minister ***Finckenstein*** hat das Leipziger Hauptquartier verlassen. Doch er begab sich zurück nach Berlin. Vorher machte ich im Beisein des Ministers sowie der Geheimen Räte von ***Hertzberg*** und ***Häfeler***, des Kriegsrats ***Müller*** und des englischen Gesandten ***Mitchel*** genaue testamentarische Anordnungen, wie es im Falle meines Todes in Bezug auf die Thronfolge gehalten werden sollte.

Freitag, 18. März 2011 *Vor 250 Jahren anno 1761* ward dies ein Mittwoch. Heute ging ich von Chemnitz nach **Freiberg**.

Sonnabend, 19. März 2011 In der Schweiz wird heute der Josephstag gefeiert. *Vor 270 Jahren anno 1741* ward dies ein Sonntag, an dem ich mich **in Schweidnitz** in Niederschlesien aufhielt.

Sonntag, 20. März 2011 Heute ist Frühlingsanfang. *Vor 250 Jahren anno 1761* ward dieser Tag ein Freitag. Ich weilte **in Meißen** und schickte meiner mütterlichen Freundin von Camas eine Dose aus Meissener **Porzellan**.

Montag, 21. März 2011 *Vor 275 Jahren anno 1736* ward dies ein Mittwoch. Zum Wohlgefallen meines Vaters versah ich heute meinen Soldatendienst **in Ruppin**.

Dienstag, 22. März 2011 *Vor 250 Jahren anno 1761* ward dies Ostersonntag, den ich **in Meißen** verbrachte und wo ich die nächsten Wochen mein Quartier nahm.

Mittwoch, 23. März 2011 *Vor 250 Jahren anno 1761* ward dies ein Montag. Ich residierte **in Meißen** und interessierte mich sehr für die dortige Porzellanfabrikation.

Donnerstag, 24. März 2011 *Vor 270 Jahren anno 1741* ward dies ein Freitag. Ich durchstreifte die Gegend von **Schweidnitz** in Schlesien.

Freitag, 25. März 2011 *Vor 275 Jahren anno 1736* ward dieser Tag ein Sonntag. Ich befand mich immer noch im Soldatendienst **in Ruppin**, doch morgen konnte ich nach Berlin.

Sonnabend, 26. März 2011 *Vor 275 Jahren anno 1736* ward dies ein Montag. Ich ging heute von **Ruppin** nach Berlin, musste aber noch vor Tagesende in meine Garnison zurückkehren.

Sonntag, 27. März 2011 Zeitumstellung, heute beginnt die Sommerzeit. *Vor 250 Jahren anno 1761* ward ein Freitag. An diesen Tag war ich **in Meißen** stark betrübt, weil ich so sehr an meine verstorbene Mutter ***Sophie Dorothea*** denken musste, die heute eigentlich ihren 74. Geburtstag hatte.

Montag, 28. März 2011 *Vor 250 Jahren anno 1761* ward dies ein Sonnabend. Mein Bruder Prinz ***Heinrich*** besuchte mich heute in meinem Hauptquartier **in Meißen**.

Dienstag, 29. März 2011 *Vor 270 Jahren anno 1741* ward dies ein Mittwoch. Ich hatte für drei Tage **in Neustadt** in Oberschlesien Quartier bezogen.

Mittwoch, 30. März 2011 *Vor 250 Jahren anno 1761* ward dies ein Montag, an dem ich **in Meißen** weilte.

Donnerstag, 31. März 2011 *Vor 250 Jahren anno 1761* ward dies ein Dienstag und ich bin **in Meißen**, wo ich das weiße sächsische Gold bestaunte. Die so erworbenen Kenntnisse vom Meißener Porzellan waren mir sehr nützlich, um in Berlin die Porzellan-Manufaktur zu fördern.

Der April
- lateinisch Aprilis und altdeutsch Launing oder Ostermonat

Klassisch-lateinisch wurde dieser Monat „Aprilis" genannt, oder altdeutsch „Ostermonat". Doch galt dero einst dieser Monat als durchaus gefürchtet, weil gesagt wurde, er mache, was er will. Mal Regen, mal Sonnenschein, der April hielt jeden zum Narren, auch den König. Sein launisches Wetter begründete seinen zweifelhaften Ruf. Dahero galt er vielen Zeitgenossen als wenig gesundheitsfördernd, ja manchen Beobachter als Unglücksmonat, weil am ersten April Judas Ischariot gestorben sein soll.

Im April unternahm ich in Friedenszeiten meistens nur kleinere Reisen, oftmals von Potsdam nach Berlin. Doch manches Frühjahr ward durch meine Soldatenpflichten in Anspruch genommen und es galt, das Winterquartier zu verlassen. Auch wenn das Wetter sich immer noch als unstabil erwies, so war die Armee oftmals den ersten entscheidenden Bewährungsproben ausgesetzt. Gegensätzliche Wettereinflüsse machten uns dabei sehr zu schaffen.

Der April wies viele Sturmtage aus, doch die Temperaturen konnten schon mal steigen auf bis zu 25 Grad, aber plötzliche Regen- und Kälteeinbrüche erschwerten dann alle Reiseplanungen wieder. Gegen die Aprillaunen des Wetters war auch ein König machtlos. Doch die Bauern sagten damals: Nasser April verspricht der Früchte viel. Und wenn Gründonnerstag vor Ostern war weiß, dann wurde der Sommer heiß.

Den April dominierten die Tierkreiszeichen von Widder und Stier. Der Widder galt als das erste Zeichen des Tierkreises. Er hat den Ruf energisch, mutig und leidenschaftlich zu sein. Sein starker Willen und sein Sinn für Selbstbehauptung zeichneten ihn aus. Oftmals waren Widder-Menschen Pioniere, Forscher und Entdecker. In der klassischen Mythologie wurde im Widder ein fürstliches Wesen gesehen, welches dem Schöpfer des Universums als sehr nahestehend galt. Der Stiermensch wurde als sehr freundschaftliches und zuverlässiges Wesen beschrieben, der dem leiblichen Wohl zugesprochen war. Ihm wurde ein starkes Bedürfnis nach Liebe und Geborgenheit zugesprochen und er hielt mit Zähigkeit an seinen Besitztümern fest.

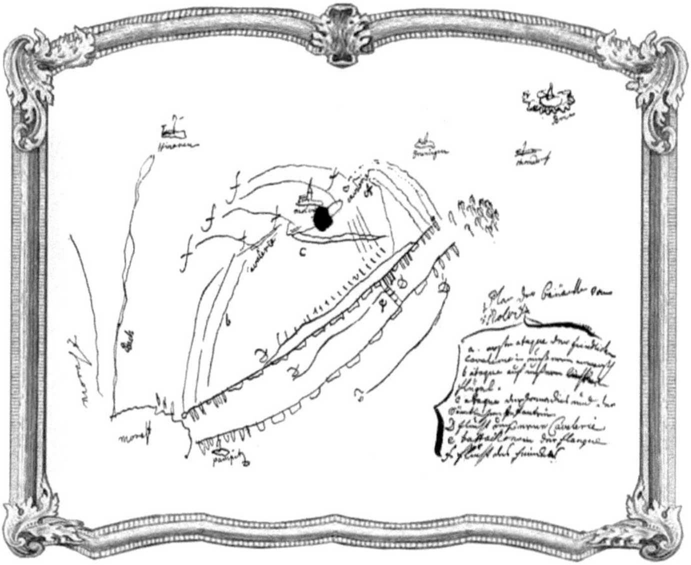

Die eigenhändige Schlachtskizze des Königs

April-Geschichte:

Auf Reisen, 10. April anno 1741 vor 270 Jahren:
Schlacht bei Mollwitz

An diesem denkwürdigen Tag fand im Krieg um Schlesien die erste große Schlacht zwischen Preußen und Österreich statt. Zuvor hatte ich an meinen Minister Podewils den Befehl gegeben: „Wenn ich durch einen unglücklichen Zufall gefangen werden sollte, befehle ich ihnen, daß Sie während meiner Abwesenheit meine Befehle nicht beachten, daß Sie meinen Bruder beraten, und daß der Staat sich zu keiner unwürdigen Handlung erniedrigt, um meine Befreiung zu erlangen.“ Ich fügte ausdrücklich hinzu: „Ich bin nur König, wenn ich frei bin.“ Diesen oft zitierten Satz sprach ich auf französisch: „Je ne suis roi que lorsque je suis libre“.

Es war bei Mollwitz, etwa 20 Kilometer südöstlich entfernt von Breslau. Um sieben Uhr morgens traf ich überraschend auf das im Schneesturm kampierende feindliche Heer. Die preußischen Truppen standen in zerstreuten Quartieren und nur mühsam konnte ich sie zur Schlachtordnung sammeln. Unter großen Kraftanstrengungen gelang es im Schneetreiben meinen Truppen, die Österreicher zu besiegen. Vormittags gegen 10 Uhr setzten sich meine Truppen im tiefen Schnee watend in fünf Kolonen in Richtung Mollwitz in Marsch. Um halb zwei Uhr mittags eröffnete die preußische Artillerie das Feuer aus ihren 60 Geschützen. Obwohl die Geschütze die Österreicher in arge Bedrängnis versetzten, wich meine Kavallerie zurück. Ich versuchte nun an der Spitze des 11. Kürassier-Regiments einen Gegenangriff zu starten, doch wurden wir in die Flucht geschlagen. Den Österreichern war es gelungen, bis Brieg vorzudringen und sie hatten meine Verbindung mit Breslau und Berlin zerschnitten. Ich hielt bedingt durch meine militärische Ungeübtheit die Schlacht für verloren.

Aber mein erfahrener Feldmarschall Kurd Christoph von Schwerin lehrte mich eines Besseren. Er rettete die Situation, nachdem er darauf drängte, mich vor dem Feind in Sicherheit zu bringen. Ich musste mich über hohen Schnee hinweg retten und wäre trotzdem gar fast vom Feind gefangen genommen worden. Ich begab mich auf den Weg nach Oppeln, fand diese Ortschaft aber schon vom Feind besetzt vor. Deshalb machte ich mich gegen Mitternacht auf den Weg über Löwen zurück zum Schlachtfeld.

Trotz aller Widrigkeiten kam ich über Umwege wohlbehalten in Löwen an, wo mich bereits zuvor die Siegesnachricht meines getreuen Feldmarschalls Schwerin erreichte. Unter seiner Führung hatte nach dem Versagen der Kavallerie die preußische Infanterie die schon verloren geglaubte Schlacht gerettet. Die daraus erwachsenen Erkenntnisse führten in den Jahren hernach zu einer verstärkten Verbesserung der preußischen Husarenregimenter. Bei dieser Schlacht standen 23.400 preußischen Soldaten etwa 19.600 Österreichern gegenüber. Es gab unter den preußischen Truppen 4.849 Tote und Verwundete, bei den Österreichern waren es 4.551. Unter den Toten war auch der österreichische Feldmarschall-Lieutenant Karl Joachim Freiherr von Römer.

Leider brachte der Sieg der Schlacht noch keine endgültige Entscheidung über den Sieg im Ersten Schlesischen Krieg, aber das Bündnis mit Frankreich gewann an Kraft und meine militärische Unerfahrenheit wurde mir verziehen. Im Gegensatz zu anderen europäischen Herrschern verkroch ich mich jedenfalls nicht in meinem Schloss und gab aus sicherer Entfernung Befehle, sondern kampierte bei meinen Soldaten. Kritische Zeitgenossen bemängelten oftmals mein Verhalten während der Schlacht von Mollwitz, aber ich musste damals noch viel Lehrgeld einstecken. Später gab ich zu: „Ich hatte zu der Zeit nicht genug Einsicht, um davon zu profitieren." Doch sehr profitierte ich vom guten Ausbildungsstand meiner Soldaten und meiner Offiziere. In dieser Hinsicht hatte mein Vater gute Arbeit geleistet.

Freitag, 1. April 2011 *Vor 250 Jahren anno 1761* ward dies ein Mittwoch. Ich weilte seit über einer Woche **in Meißen**. Mein großes Interesse galt dort der Porzellanfabrikation.

Sonnabend, 2. April 2011 *Vor 270 Jahren anno 1741* ward dies ein Sonntag. Es war anno dazumal Ostersonntag und ich durchstreifte das böhmisch-oberschlesische Grenzgebiet. Von **Neustadt** begab ich mich nach **Jägerndorf**.

Sonntag, 3. April 2011 *Vor 255 Jahren anno 1756* ward dies ein Sonnabend. Dem Domkapitel von **Minden** stiftete ich an diesem Tag ein eigenes Ordenskreuz.

Montag, 4. April 2011 *Vor 270 Jahren anno 1741* ward dies ein Dienstag. Heute und morgen verblieb ich **in Neustadt** in Oberschlesien. Viele meiner Freunde und die, die sich dafür hielten, waren mir in Richtung Schlesien gefolgt, darunter auch Pöllnitz. ***Karl Ludwig von Pöllnitz***. Ihn hatte ich letztes Jahr zum Oberzeremonienmeister ernannt und ihm eine Apanage von 1400 Talern gewährt und seine 6000 Taler Schulden beglichen. Er ging Ende der Woche nach Breslau.

Dienstag, 5. April 2011 *Vor 250 Jahren anno 1761* ward dies ein Sonntag. Heute befand ich mich **in Meißen**, wo ich vor über einer Woche Quartier nahm.

Mittwoch, 6. April 2011 *Vor 270 Jahren anno 1741* ward dies ein Donnerstag. Ich weilte heute für zwei Tage **in Friedland**, am rechten Ufer der Steinau.

Donnerstag, 7. April 2011 *Vor 275 Jahren anno 1736* ward dies ein Sonnabend, an dem ich wieder bei meinem Regiment **in Ruppin** meinen ungeliebten Soldatendienst verrichtete.

Freitag, 8. April 2011 *Vor 270 Jahren anno 1741* ward dies ein Sonnabend. Ich hielt mich in Niederschlesien in der Gegend bei **Grottkau** auf. Ich lief Gefahr, von meinen österreichischen Gegnern gefangen genommen zu werden. Heute machte ich Rast **in Pogarell** bei Alzenau, für zwei Tage waren wir dort und dann ging es weiter nach **Pampitz** bei Brieg. Meinem Freund ***Jordan*** schrieb ich an diesem Tage aus Pogarell: „Mein lieber Jordan, wir werden uns morgen schlagen. Du kennst das Schicksal der Waffen. Man hat vor dem Leben eines Königs nicht mehr Ehrfurcht als vor dem Leben eines Unterthans, und ich weiß also nicht, was aus mir werden wird. Ist meine Bestimmung zu Ende; so erinnere Dich an einen Freund, der Dich immer zärtlich liebt! Verlängert der Himmel mein Leben; so schreibe ich Dir morgen und Du erfährst, daß wir gesiegt haben."

Sonnabend, 9. April 2011 *Vor 270 Jahren anno 1741* ward dieser Tag ein Sonntag. Ich hatte gestern Quartier genommen **in Pogarell** in Niederschlesien. Es war der Vortag zur großen Schlacht von Mollwitz.

Sonntag, 10. April 2011 *Vor 270 Jahren anno 1741* ward dies ein Montag, an dem **bei Mollwitz** die erste große Schlacht im Krieg um Schlesien tobte.

Montag, 11. April 2011 *Vor 270 Jahren anno 1741* ward dies ein Dienstag. Ich fand **in Ohlau** Quartier und blieb dort bis zum 20. April.

Dienstag, 12. April 2011 *Vor 250 Jahren anno 1761* ward dies ein Sonntag, an dem ich **in Meißen** residierte.

Mittwoch, 13. April 2011 *Vor 235 Jahren anno 1776* ward dies ein Sonnabend. Im fernen Petersburg kam heute mein Bruder Prinz ***Heinrich*** an.

Donnerstag, 14. April 2011 *Vor 250 Jahren anno 1761* ward dies ein Dienstag. Ich weilte **in Meißen** in meinem Hauptquartier, wo ich heute meinen aus Berlin kommenden Minister Finckenstein erwartete.

Freitag, 15. April 2011 *Vor 275 Jahren anno 1736* ward dieser Tag ein Sonntag, den ich wie so viele Sonntage zuvor **in Ruppin** verbrachte. Gerne wäre ich jetzt in Berlin. Aber erst im Mai durfte ich in der Residenzhauptstadt erscheinen.

Sonnabend, 16. April 2011 *Vor 250 Jahren anno 1761* ward dies ein Donnerstag. Ich verblieb weiterhin in meinem Quartier **in Meißen**.

Sonntag, 17. April 2011 Heute ist Palmsonntag. *Vor 250 Jahren anno 1761* ward dies ein Freitag, an dem ich **in Meißen** verharrte.

Montag, 18. April 2011 *Vor 250 Jahren anno 1761* ward dies ein Sonnabend. Mein Bruder Prinz ***Heinrich*** machte sich nunmehr aus Berlin auf den Weg zu mir ins Lager nach **Meißen**, wo sich seit etwa einem Monat mein Hauptquartier befand.

Dienstag, 19. April 2011 *Vor 250 Jahren anno 1761* ward dies ein Sonntag. Ich residierte seit einigen Wochen im Lager im sächsischen **Meißen**, wo sich mein Hauptquartier im noch immer währenden dritten schlesischen Krieg befand.

Mittwoch, 20. April 2011 *Vor 275 Jahren anno 1736* ward dies ein Freitag. Jetzo im Frühjahr musste ich immerfort meinen Soldatenübungen **in Ruppin** nachgehen. Mein Vater ließ mich demnächst zur Revue erscheinen.

Donnerstag, 21. April 2011 Heute ist Gründonnerstag. *Vor 250 Jahren anno 1761* ward dies ein Dienstag, an dem ich mich in **Meißen** aufhielt.

Freitag, 22. April 2011 Heute ist Karfreitag. *Vor 275 Jahren anno 1736* war dies ein Sonntag, den ich **in Ruppin** verbrachte.

Sonnabend, 23. April 2011 *Vor 270 Jahren anno 1741* ward dies ein Sonntag. Ich befand mich seit drei Tagen in der Gegend von Brieg im Soldatenlager **bei Mollwitz**.

Sonntag, 24. April 2011 Heute ist Ostersonntag. *Vor 275 Jahren anno 1736* ward dies ein Dienstag. In soldatischer Pflichterfüllung schob ich den nicht sehr geliebten Dienst im blauen Rock in meiner Garnison **in Ruppin**. Mein Vater hatte mir befohlen, meine Truppen vor ihm Revue passieren zu lassen. Seine Order lautete: „Das Regiment soll am 12. Mai in Berlin sein."

Montag, 25. April 2011 Heute ist Ostermontag. *Vor 275 Jahren anno 1736* ward dies ein Mittwoch. Die letzten Wochen versah ich zum Wohlgefallen meines Vaters den Soldatendienst **in Ruppin**.

Dienstag, 26. April 2011 *Vor 270 Jahren anno 1741* ward dies ein Mittwoch. Ich kämpfte um Schlesien und bekam heute auswärtigen Besuch im Feldlager **bei Mollwitz**: der Marschall von Frankreich ***Belle-Iisle*** und französische Gesandte Valory. Sie blieben bis zum 2. Mai.

Mittwoch, 27. April 2011 *Vor 275 Jahren anno 1736* ward dies ein Freitag und ich befand mich wie fast alle Tage **in Ruppin** bei meinen Soldaten.

Donnerstag, 28. April 2011 *Vor 250 Jahren anno 1761* ward dies ein Dienstag und ich verharrte **in Meißen**.

Freitag, 29. April 2011 *Vor 275 Jahren anno 1736* ward dies ein Sonntag. An diesem Tag erreichte mich **in Ruppin** eine Stafette meines Vaters. Sie beinhaltete die königliche Order, am morgigen Tage, innerhalb von sechs Stunden, nach Potsdam mit meinem Regiment zu kommen, weil mein Herr Papa zusehen wollte, wie ich meinen Regimentsdienst auszuüben pflegte. Also hatte ich in Potsdam anzutreten und noch selbigen Abend musste ich mit meinem Regiment den Rückmarsch nach Ruppin erfolgen lassen.

Sonnabend, 30. April 2011 *Vor 250 Jahren anno 1761* ward dies ein Donnerstag. Derzeit traf ich Reisevorbereitungen. Ich verließ schon bald mein Lager **in Meißen**. Bereits am Sonntag nächtigte ich in Strehlen in Niederschlesien.

Der Mai
- lateinisch Majus und altdeutsch Weidemonat

Um den 24. Mai reiste ich alljährlich zumeist nach Küstrin und einen Tag später nach Stargard, wo Manöver und Inspektionen abgehalten wurden. Ende Mai begab ich mich nahezu regelmäßig zu Manövern in die Gegend von Magdeburg, zwischen Pietzpuhl und Körbelitz. Im Jerichower Land hielt ich Heerschau und verblieb dort häufig über die Monatswende hinaus.

Die Sternkreiszeichen von Stier und Zwillinge galten als bestimmend den Mai. Der Stier-Mensch hatte den Ruf, naturverbunden und den praktischen Dingen aufgeschlossen zu sein. Die irdischen Güter lockten ihn sehr, doch sein Fleiß und seine Kameradschaftlichkeit zählten. Gelegentlich brach aber auch seine Sturheit hervor. In der Antike wurden ihm magische Kräfte zugemessen. Der griechische Göttervater Zeus entführte der Sage nach die Göttin Europa in Gestalt eines Stiers. Der ägyptische heilige Stier war eine Reinkarnation des Gottes Osiris, der Fruchtbarkeit und Wachstum verkörperte. Der Zwillings_Mensch hatte eher den Ruf, wissbegierig und sehr intelligent zu sein. Er zeichnete sich häufig als Meister der Kommunikation aus. In Debatten und Gesprächen blühte er geradezu auf. Seine Dualität von Emotionalität und Intellektualität vermochte ihn zu großen Leistungen anzuspornen, aber manchmal ging das auch einher mit einem Mangel an Stabilität und Ausdauer.

Im Mai galten als Volksweisheiten die Sätze: Ist der Mai kühl und nass, füllt er den Bauern Scheun' und Fass. Oder eine andere Bauernregel lautete: Viel Gewitter im Mai singt der Bauer Juchhei.

SPECIFICATION
Der angekommenen
Brunnen-Gäste
und Fremden,
So
An. 1746. vom 17. Maj. biß den 3. Jun. inclus.
bey dem berühmten
Gesund-Brunnen zu Pyrmont
sich eingefunden.

LEMGO,
Gedruckt bey Johann Heinrich Meyer, 1746.

Ihro Königl. Majestät von Preussen,
und
Ihro Königl. Hoheiten Prinz Heinrich, nebst
Ihro Durchl. Herr General-Feld-Marschall, Hertzog von Holstein-Beck, auch
Der Herr General-Lieutenant, Graf von Rothenburg
Der Herr General von Borck
Herr General-Major von Goltz
Herr Obriste von Meyering
Herr Obrist-Lieutenant von Jngersleben
Herr General de Fouquet
Herr Obriste von Bodenbruck
Herr Capitain von Lingerfeld
Herr Capitain von Lehwald
Herr Cammer-Herr Baron von Pöllnitz
Herr Geh. Kriegs- und Cabinets-Rath Eichel
Herr Geh. Kriegs- und Cabinets-Rath Müller
Herr Geh. Rath d' Arget
Herr Geh. Cabinets-Secretarius Köper
Herr Kriegs-Rath Schultz
Herr Hof-Raht Lesser
Summa latus 19.

aus Berlin

Der König im Verzeichnis der Kurgäste

Mai-Geschichte:

Auf Reisen, 17. Mai anno 1746 vor 265 Jahren:

Zur Kur in Bad Pyrmont

Der Herzog von Braunschweig begleitete mich zur Kur nach Pyrmont. Aber wir weilten dort nicht allein. Mit großem Gefolge reiste ich an: In meinem Kurgefolge befanden sich mehr als sechzig Personen, darunter allerlei Musikanten. Der Landgraf Wilhelm VIII. von Hessen-Kassel und Gustav Adolf von Gotter kamen nach. Etwa drei Wochen Kuraufenthalt gönnte ich mir in Bad Pyrmont. Der zweite Krieg um Schlesien konnte erfolgreich beendet werden und jetzt galt es, die angeschlagene Gesundheit wiederherzustellen. Der Brunnen sollte alle körperlichen und seelischen Leiden hinunterspülen.

Noch auf der Reise nach Pyrmont antwortete ich meinem Justizminister Coceji billigend und hoffnungsvoll wegen seines Planes zur Verbesserung des Justizwesens. In Pyrmont fand ich Muße, den Reformplan meines Justizministers zu studieren. Zeit meines Lebens arbeitete ich beständig an dieser umfangreichen, aber notwendigen Justizreform. So ruhten während meines Kuraufenthalts keineswegs die Staatsgeschäfte. Ich korrespondierte von Pyrmont aus fleißig mit dem König von Frankreich wegen des angestrebten allgemeinen Friedens. Gegenstand der Pyrmonter Gespräche waren aber nicht nur die zukünftigen Friedensaussichten, sondern gleichsam die jüngsten und noch gegenwärtigen Kriegsbegebenheiten und andere verwandte Gegenstände.

In meinem Kurgefolge befanden sich mein Bruder Prinz Heinrich, die Generale von Rothenburg und von der Goltz, ferner mein Vorleser Darget sowie Pöllnitz. Außerdem sind als meine künstlerischen Begleiter hervorzuheben: mein Freund und Flötenlehrer Quanz, die Gebrüder Benda und der Sänger Salimbeni.

Ich habe mich in die Obhut des Arztes Dr. Johann Philipp Seip begeben, den ich nicht nur als Badearzt, sondern gleichsam als Mitglied meiner königlichen Akademie zu Berlin nachhaltig schätzte. Ich wohnte in der Brunnenstraße Nr. 16, im Gartenhaus des sogenannten Orthgies'schen Hauses. Dort nahm ich relativ zurückgezogen Quartier. Wobei ich unter ständiger Beobachtung ausländischer Geheimdienste stand. Besonders interessante Spitzelberichte erstellten täglich zwei Spione der hannoverschen Regierung, die mich auf Befehl der Londoner Regierung in Pyrmont observierten.

Während des Kuraufenthalts bekam ich am ersten Kurwochenende einen sehr starken Gichtanfall, versuchte aber, mein Gichtleiden durch das Pyrmonter Quellwasser zu heilen. Das Pyrmonter Heilwasser bekam mir sehr gut. Es war bereits mein 2. Kuraufenthalt in diesem Badeort und ich trank Pyrmonter Wasser auch in Potsdam und Berlin. Schon vor sechs Jahren schrieb ich an meinen Philosophenfreund Voltaire: „Ich stehe um vier Uhr auf, trinke bis acht Uhr Pyrmonter Brunnen, schreiben bis 10 Uhr, lasse bis Mittag Regimenter exerzieren, schreibe bis fünf Uhr und erhole mich des Abends bei guter Gesellschaft."

Sonntag, 1. Mai 2011 Heute ist Maifeiertag. *Vor 250 Jahren anno 1761* ward dies ein Freitag. Ich hielt mich noch **in Meißen** auf, beabsichtigte aber sobald mein Quartier anderenorts aufzuschlagen.

Montag, 2. Mai 2011 *Vor 250 Jahren anno 1761* ward dies ein Sonnabend. Ich verließ nunmehro mein wochenlanges Quartier in Meißen und ging heute durch das obere Erzgebirge nach **Schlettau**, wo ich ein gastliches Schloss vorfand.

Dienstag, 3. Mai 2011 *Vor 250 Jahren anno 1761* ward dies ein Sonntag, wo ich für zwei Tage Rast hielt im Soldatenlager **in Strehlen**, ganz nahe bei Dresden.

Mittwoch, 4. Mai 2011 *Vor 250 Jahren anno 1761* ist dies ein Montag. Von **Strehlen** kam ich heute in „**Wildenhayn**“ an, wo ich für eine Nacht Unterschlupf suchte.

Donnerstag, 5. Mai 2011 *Vor 250 Jahren anno 1761* ward dies ein Dienstag. Ich auf dem Weg nach Schlesien und erreichte heute **Nieder-Quolsdorf** bei Seifersdorf in der Oberlausitz.

Freitag, 6. Mai 2011 *Vor 250 Jahren anno 1761* ward dies ein Mittwoch. Ich kam heute in meinem Soldatenquartier in der Oberlausitz **in Marienstern** an, dort befand sich eines der ältesten Zisterzienserinnenkloster, wo die „Via regia“, die Königsstraße langführt. Das war damals ein sehr wichtiger Ost-West-Handelsweg.

Sonnabend, 7. Mai 2011 *Vor 270 Jahren anno 1741* ward dies ein Sonntag. Heute kam zu mir ins Feldlager der englische Gesandte ***Lord Hyndford***. Mein Hauptquartier befand sich **in Mollwitz**. Der britische Abgesandte Lord Hundsfott, wie ich ihn scherzhaft nannte, soll zwischen Österreich und Preußen vermittelnd tätig werden, um Frieden zu stiften.

Sonntag, 8. Mai 2011 Heute ist Muttertag. *Vor 250 Jahren anno 1761* ward dies ein Freitag. Für zwei Tage hielt ich mich heute in der Oberlausitz, **in Görlitz** auf.

Montag, 9. Mai 2011 Heute ist Europa-Tag. *Vor 270 Jahren anno 1741* ward dies ein Dienstag, an dem ich in meinem Hauptquartier **in Mollwitz** aushielt. Heute erreichte die Nachricht von der Einnahme von Brieg Berlin.

Dienstag, 10. Mai 2011 *Vor 250 Jahren anno 1761* ward dies ein Sonntag. Ich befand mich an diesem Tag im höchst gelegenen ostsächsischen Ort in **Thiemendorf** bei Waldhufen nahe Görlitz.

Mittwoch, 11. Mai 2011 *Vor 250 Jahren anno 1761* ward dies ein Montag. Nun befand ich mich **in Harpersdorf** in Niederschlesien, Nahe Liegnitz.

Donnerstag, 12. Mai 2011 *Vor 270 Jahren anno 1741* ward dies ein Freitag. Ich musste noch immer im Soldatenquartier **in Mollwitz** verharren. Mein Akademiker ***Pierre Louis Moreau de Maupertuis*** war mir ins schlesische Feldlager nachgereist, doch er war leider im letzten Monat bei der Schlacht von Mollwitz in österreichische Gefangenschaft geraten. Heute kam er aus Wien in Berlin an, reiste aber Ende des Monats weiter nach Paris.

Freitag, 13. Mai 2011 *Vor 250 Jahren anno 1761* ward dies ein Mittwoch. Die Höhen um **Hausdorf** am Fuße des Eulengebirges in Niederschlesien gaben mir ein gutes Soldatenquartier. Ich weilte nun dahero für zwei Tage.

Sonnabend, 14. Mai 2011 *Vor 265 Jahren anno 1746* ward dieser Tag gleichsam ein Sonnabend. Ich weilte für drei Tage **in Salzdahlum** im hölzernen Lustschloss meiner angeheirateten Verwandtschaft. Von hier aus unternahm ich übermorgen einen kleinen Abstecher nach Wolfenbüttel.

Sonntag, 15. Mai 2011 Vor 250 Jahren anno 1761 ward dies ein Freitag. Ich hatte nunmehro ein neues Hauptquartier im Schloss Nieder-Kunzendorf bezogen. Es lag in der kleinen Ortschaft **Kunzendorf**, 1 ¼ Meile westlich von Schweidnitz in Niederschlesien.

Montag, 16. Mai 2011 *Vor 265 Jahren anno 1746* ward dieser Tag gleichsam ein Montag. Ich unternahm von Salzdahlum einen Ausflug **nach Wolfenbüttel**.

Dienstag, 17. Mai 2011 *Vor 265 Jahren anno 1746* ward dieser Tag gleichsam ein Dienstag. Heute erreichte ich **in Bad Pyrmont**, wo ich samt großem Gefolge zu einem längeren Kuraufenthalt verweilte.

Mittwoch, 18. Mai 2011 *Vor 265 Jahren anno 1746* ward dieser Tag gleichsam ein Mittwoch. Heute begann ich mit der **Brunnenkur** in Pyrmont.

Donnerstag, 19. Mai 2011 *Vor 250 Jahren anno 1761* ward dies ein Dienstag. Mein kleiner Bruder Prinz Ferdinand und seine Frau erreichten heute Magdeburg, um sich vor den Kriegswirren zu schützen. Ich befand mich im Schloss **Nieder-Kunzendorf**, in meinem derzeitigem Hauptquartier.

Freitag, 20. Mai 2011 *Vor 265 Jahren anno 1746* war dieser Tag gleichsam ein Freitag. Ich genoss deroeinst einen Kuraufenthalt **in Bad Pyrmont**.

Sonnabend, 21. Mai 2011 *Vor 270 Jahren anno 1741* ward dies ein Sonntag. Anno dazumal war es Pfingstsonntag, den ich in **Mollwitz** in Schlesien verbrachte.

Sonntag, 22. Mai 2011 *Vor 265 Jahren anno 1746* ward dieser Tag gleichsam ein Sonntag. Seit fünf Tagen weilte ich zur Brunnenkur **in Pyrmont**, leider plagte mich seit heute sehr stark die Gicht.

Montag, 23. Mai 2011 *Vor 265 Jahren anno 1746* ward dieser Tag gleichsam ein Montag, an dem ich mich in **Pyrmont** befand.

Dienstag, 24. Mai 2011 *Vor 235 Jahren anno 1776* ward dies ein Freitag. Von Potsdam aus reiste ich heute nach **Pietzpuhl** am Westrand des Flämings im Jerichower Land zur Revue meiner Soldaten, wo ich morgen am Sonnabend in der Frühe um 7 Uhr ankam.

Mittwoch, 25. Mai 2011 *Vor 270 Jahren anno 1741* ward dies ein Donnerstag. Ich befand mich seit Wochen im Feldlager **in Mollwitz**.

Donnerstag, 26. Mai 2011 *Vor 240 Jahren anno 1771* ward dies ein Sonntag. Ich ging heute von Küstrin nach **Stargard**, wo ich an den zweitägigen Musterungen meiner Soldaten teilnahm.

Freitag, 27. Mai 2011 *Vor 230 Jahren anno 1781* ward dies ein Sonntag. Seit Donnerstag befand ich mich auf Inspektionsreise in der Gegend von Magdeburg. Heute weilte ich zur Heerschau **in Körbelitz**. Viele in- und ausländischen Gäste waren als Manöverbeobachter anwesend.

Sonnabend, 28. Mai 2011 *Vor 240 Jahren anno 1771* ward dies ein Dienstag. Seit Sonnabend hatte ich **in Stargard** an der Musterung meiner Soldaten teilgenommen und heute machte ich mich auf Rückreise nach Potsdam, wo ich morgen ankam.

Sonntag, 29. Mai 2011 *Vor 265 Jahren anno 1746* ward dies gleichsam ein Sonntag. Ich versuchte noch immer, **in Pyrmont** durch eine Brunnenkur meine Gesundheit wiederzugewinnen.

Montag, 30. Mai 2011 *Vor 265 Jahren anno 1746* ward dieser Tag gleichsam ein Montag und verweilte weiterhin zum Kuraufenthalt **in Pyrmont**.

Dienstag, 31. Mai 2011 *Vor 230 Jahren anno 1781* ward dies ein Donnerstag. Ich reiste heute von Potsdam aus **nach Küstrin**, wo ich **Revue** über meine Truppen hielt.

Der Juni
- lateinisch Junius und altdeutsch Rosenmonat

Anfang Juni ward ich zumeist auf Reisen. Ich befand mich dann im Magdeburgischen, wo ich unter Teilnahme hoher in- und ausländischer Beobachter Manöver hielt und die Festung inspizierte. Zumeist machte ich dann von dort aus gleichsam Zwischenstation bei meiner Braunschweiger Verwandtschaft in Salzdahlum.

Der Juni war vom Sternzeichen des Zwillings und des Krebses bestimmt. In der griechischen Mythologie wurden die Zwillinge Castor und Pollux genannt. Als dem sterblichen Castor urplötzlich der Schlag traf und ihm das Lebenslicht ausgeblasen wurde, blieb der unsterbliche Pollux trauernd übrig. Worauf ihm der Göttervater Zeus auch dem Verstorbenen das ewige Leben schenkte. Im Volksglauben stellten die Zwillinge ein Gegensatzpaar dar: Mann und Frau, Wachstum und Verfall, Tag und Nacht sowie Sommer und Winter. Der Zwillings-Mensch wurde als sehr wissbegierig, intelligent und anpassungsfähig beschrieben. Es wurde gar behauptet, bei ihm käme eine Dualität von geistigen und emotionalen Fähigkeiten zum Gleichklang. Merkur verlieh dem Zwilling seine Vielseitigkeit und Schnelligkeit. Manchmal wurde ihm ein Mangel an Ausdauer zugesprochen, was zu gewissen Instabilitäten führen konnte. Der Krebs-Mensch benötigte nach Auffassung meiner Zeitgenossen viel Wärme und Zuwendung. Er liebte und verteidigte sehr Heim und Herd, Familien- und Freundeskreis. Als sehr sensibel und einfühlsam wurde er beschrieben, verbunden mit einem beachtenswerten Durchhaltevermögen. Als Schwäche wurde beim Krebs-Menschen eine gewisse Sentimentalität und eine gute Portion Selbstmitleid genannt.

Die sommerlichen Temperaturen stiegen Anfang Juni erfreulich hoch, wurden aber manchmal Ende des Monats vom kalten Nordwind und der Schafskälte unterbrochen. Doch Mitte des Monats war zumeist das Wetter anhaltend warm und sonnenreich und zur Sommersonnenwende stiegen die Temperaturen und die Sonne erreichte ihren höchsten Stand, verbunden mit der längsten Tageshelligkeit.

Am Siebenschläfer-Tag, am 27. Juni, entschied sich angeblich, wie das Wetter maßgeblich die nächsten sieben Wochen werden sollte. Die Bauern sagten: Auf den Juni kommt es an, wenn die Ernte soll haben bestahn, oder auch: Juni-Regen, bringt reichen Segen.

Emden wird Überseehafen des Königreichs

Juni-Geschichte:

Auf Reisen, 14. Juni anno 1751 vor 260 Jahren:

Reisebefehl zur Fahrt des Königs von Preußen nach China

Für ein paar Tage weilte ich in Ostfriesland, in Emden und Aurich. Ostfriesland gehörte seit sieben Jahren zur preußischen Krone. Dadurch besaß mein Königreich direkt an der Nordsee einen Überseehafen, den ich gestern in Augenschein nahm und ein Jachtschiff betrat. Diesen Hafen in Emden erklärte ich noch gleichen Jahres zum Freihafen, damit alle Waren zollfrei eingeführt werden konnten. Heute empfing ich den Direktor der asiatischen Handelskompanie zur Audienz und gewährte gleichsam den Ständen von Ostfriesland einen persönlichen Empfang. Die Königlich Preußische Asiatische Compagnie (KPAC) wurde dieser Tage unter meiner Mitwirkung gegründet. Galt es doch, besonders den Handel mit China zu befördern.

Unter meiner Mitwirkung entstand eine neue preußische Handelsflotte, mit dem erklärten Ziel Tee, Porzellan, Gewürze, Arzneimittel, Baumwolle und Seide zu importieren, denn Kolonialwaren waren damals sehr begehrt. Doch die preußische Seefahrt blieb sehr bescheiden, trotz der erfolgreichen Gründung der Seehandelsgesellschaft. In meinem Testament schrieb ich: „Indem wir den Handel von Emden mit dem von Stettin verbinden, werden die Unternehmungen unserer Kaufleute weitaus beträchtlicher, und Stettin könnte einen Teil des Hamburger Handels mit Polen, Böhmen und Mähren übernehmen."

Flämische und holländische Kaufleute und das Berliner Bank- und Handelshaus Splittgerber & Daum betätigten sich als Geldgeber dieser neuen Handelskompanie. 482 Aktien zu jeweils 500 Talern wurden gezeichnet. Schon im nächsten Jahr konnte die Aktiengesellschaft über ein gezeichnetes Kapital von 861.000 Talern verfügen, verteilt auf 1722 Aktien. Die neue Handelsgesellschaft erhielt mein königliches Privileg, in meinem Namen Verträge mit fremden asiatischen Fürsten abzuschließen und das Monopol für die Handelsschifffahrt zwischen China und Preußen.

Die Schiffe der Handelskompanie segelten unter der königlich-preußischen Flagge mit Adler, Schwert und Zepter. Den Emdener Bürgermeister Jacob de Pottere und den Kommerzienrat Johann Gottfried Teegel hatte ich zu Geschäftsführern der Gesellschaft auserkoren. Mit ihnen nahm ich heute am Dollart auf einer Jacht in der Meeresbucht westlich der Emsmündung das Mittagsmahl ein. Ich träumte von einer Seefahrt nach China. Schon als Kronprinz weilte ich in Gedanken in fernen Ländern. Leider hatte mein Vater die Realisierung derartiger Träume verhindert. Bevor eine eigene Chinareise von mir verwirklicht werden konnte, sollte erst einmal kommenden Jahres eine Schiffsbesatzung sich in meinem Namen auf den langen Weg nach China machen.

Das Schiff trug offiziell meinen Namen: „König von Preußen". Es war das erste Schiff der Handelskompanie. Die Besatzung bestand aus 12 Schiffssoldaten und 120 Matrosen. 36 Schiffskanonen sorgten für Sicherheit. Von Emden aus ging es nach Kanton im Süden Chinas. Zwischenstation wurde im Indischen Ozean, im niederländisch beherrschten Java gemacht. Mit voller Fracht kehrte der „König von Preußen" im Sommer 1753 aus Chinas nach Emden zurück. Die Rückladung bestand aus Tee, Rohseide, Porzellan und diversen Arzneiwaren. Die Fracht wurde mit gutem Ertrag in Emden versteigert. Der erzielte Gewinn übertraf alle Erwartungen und kam Emden und den Ostfriesen zugute. Leider machte der hernach beginnende Siebenjährige Krieg alle meine Chinaplanungen zunichte und meine Handelsflotte wurde ein Opfer der gegnerischen Seeräuberei.

Mittwoch, 1. Juni 2011 *Vor 265 Jahren anno 1746* ward dieser Tag gleichsam ein Mittwoch, an dem ich **in Pyrmont** zum Kuraufenthalt verweilte.

Donnerstag, 2. Juni 2011 Heute ist Christi Himmelfahrt. *Vor 245 Jahren anno 1766* ward dies ein Montag. Von Potsdam aus brach ich heute **nach Brandenburg** auf, wo ich bei meinem Freund ***Fouqué*** speiste, alsdann ging es weiter nach Körbelitz bei Magdeburg, wo ich daselbst bis den 6ten meine Soldaten Revue passieren ließ.

Freitag, 3. Juni 2011 Vor 265 Jahren anno 1746 ward dies gleichsam ein Freitag, an dem ich auf Kur in Bad Pyrmont weilte.

Sonnabend, 4. Juni 2011 *Vor 270 Jahren anno 1741* ward dies ein Sonntag, an dem ich mich im oberschlesischen Soldatenquartier **in Gottkau** befand.

Sonntag, 5. Juni 2011 *Vor 235 Jahren anno 1776* ward dies ein Mittwoch. Von Stargard reiste ich heute in der Frühe um 3 Uhr nach **Westpreußen** ab, mein erstes Reiseziel war die Gegend um **Graudenz**. Auf einer Erhöhung des Weichselufers nördlich der Stadt begannen unter meiner Anwesenheit die Baumaßnahmen für eine neue Festung in Form eines halben Achtecks.

Montag, 6. Juni 2011 *Vor 260 Jahren anno 1751* ward dies ein Sonntag. Ich weilte heute **in Magdeburg**, zu Mittag speiste ich bei Fürst ***Leopold II.*** Maximilian von Anhalt-Dessau. Hernach begab ich mich nach **Kloster Neuendorf**. Anschließend reiste ich weiter nach Salzdahlum.

Dienstag, 7. Juni 2011 *Vor 250 Jahren anno 1761* ward dies ein Sonntag. Ich residierte seit gut drei Wochen in Schloss **Nieder-Kunzendorf**, wo ich mir mein Hauptquartier eingerichtet hatte. In diesem wohnlichen Schloss empfing ich verschiedene gewichtige Besucher. Es kam hierher sogar der **türkische Gesandte**. Gerne gewährte ich dem Gesandten des Osmanischen Reiches eine Audienz.

Mittwoch, 8. Juni 2011 *Vor 275 Jahren anno 1736* ward dies ein Freitag. Jetzt begann ich, mir mein eigenes Lustschloss einzurichten. Mein Vater hatte mir kürzlich Schloss **Rheinsberg** geschenkt. Die Möbel wurden ausgesucht und ich hoffte, im Juli Einzug halten zu können.

Donnerstag, 9. Juni 2011 *Vor 260 Jahren anno 1751* ward dies ein Mittwoch. Von Salzdahlum aus trat ich heute die Weiterreise gen Westen an. Ich machte Station auf Schloss **Hagenburg** nahe dem Steinhuder Meer. Dort war ich gern gesehener Gast des Grafen ***Wilhelm von Schaumburg-Lippe***. Anschließend erreichte ich die Weserfestung **Minden**, wo ich mein Nachtlager nahm.

Freitag, 10. Juni 2011 *Vor 260 Jahren anno 1751* ward dies ein Donnerstag. Von Minden aus kommend erreichte ich **Bielefeld**, wo ich bis Sonnabend verblieb. Ich logierte im Gartenhaus des Regierungsrates von Pott.

Sonnabend, 11. Juni 2011 *Vor 250 Jahren anno 1761* ward dies ein Donnerstag. Aufgrund der Kriegswirren hatte sich der Hof von Berlin nach Magdeburg in Sicherheit gebracht. Dort kam heute der englische Gesandte Lord Mitchell an. Ich verblieb derweil immer noch in meinem Hauptquartier im Schloss **Nieder-Kunzendorf**, nahe Schweidnitz in Niederschlesien.

Sonntag, 12. Juni 2011 Heute ist Pfingstsonntag. *Vor 260 Jahren anno 1751* ward dies ein Sonnabend. Ich reiste anno dazumal an diesem Tage von Bielefeld aus über **Herford** nach **Lingen**, wo ich mein Nachtlager fand.

Montag, 13. Juni 2011 Heute ist Pfingstmontag. *Vor 260 Jahren anno 1751* ward dies ein Sonntag. Ich kam von Lingen aus für drei Tage nach **Emden**. An der Grenze von Ostfriesland wurde ich feierlich empfangen und im Hafen von Emden betrat ich eine Jacht.

Dienstag, 14. Juni 2011 *Vor 260 Jahren anno 1751* ward dies ein Montag. Ich weilte **in Emden** und begab mich zu einer Jachtfahrt auf dem Dollart, wo ich das Mittagsmahl genoss. Hernach gewährte ich den Ständen von Ostfriesland und dem Direktor der asiatischen Handelskompanie eine Audienz.

Mittwoch, 15. Juni 2011 *Vor 260 Jahren anno 1751* ward dies ein Dienstag, an dem ich **in Aurich** in Ostfriesland Zwischenstation hielt. Zuvor war ich schon in Emden, wohin ich hernach wieder zurückkehrte.

Donnerstag, 16. Juni 2011 *Vor 260 Jahren anno 1751* ward dies ein Mittwoch. Von Emden aus ging an diesem Tag die Reise **nach Wesel**, wo ich die nächsten fünf Tage residierte. Ich logierte im Haus meines Gouverneurs ***Friedrich Wilhelm von Dossow***. Erst am Montag konnte ich von dort aus weiterreiten.

Freitag, 17. Juni 2011 *Vor 270 Jahren anno 1741* ward dies ein Sonnabend. Diesen Tag verbrachte ich im niederschlesischen im Soldatenlager. Von **Mogwitz** aus verlegte ich heute für zwei Tage mein Quartier **nach Wansen**.

Sonnabend, 18. Juni 2011 *Vor 260 Jahren anno 1751* ward dies ein Freitag. Seit vielen Jahren wirkte der Baron ***Jean le Chambrier*** als außerordentlicher Gesandter Preußens in Paris. Er war von Paris nach Wesel gekommen. Ich machte ihm heute **in Wesel** meine königliche Aufwartung und hoffte, so zu seiner Genesung beitragen zu können. Doch leider verstarb er am Sonnabend nächster Woche in Wesel.

Sonntag, 19. Juni 2011 *Vor 260 Jahren anno 1751* ward dies ein Sonnabend. Ich residierte dero einst **in Wesel**.

Montag, 20. Juni 2011 *Vor 260 Jahren anno 1751* ward dies ein Sonntag, den ich **in Wesel** verbrachte. Morgen zog ich weiter in Richtung Lippstadt.

Dienstag, 21. Juni 2011 Heute ist Sommeranfang. *Vor 260 Jahren anno 1751* ward dies ein Montag. Ich reiste mit schnellem Trab von Wesel aus über Lippstadt und Bielefeld ins brandenburgische **Halberstadt**, wo ich mein Nachtlager aufschlug. Wie meine Vorfahren, so führte auch ich den Titel eines Fürsten von Halberstadt nicht nur pro forma, sondern es galt, Regierungsverantwortung wahrzunehmen.

Mittwoch, 22. Juni 2011 *Vor 260 Jahren anno 1751* ward dies ein Dienstag. Von Halberstadt brach ich in aller Frühe auf. Am Abend erreichte ich **Bückeburg**. Zuvor machte ich Zwischenstation in den brandenburgisch-preußisch regierten Städten Hornburg und Minden.

Donnerstag, 23. Juni 2011 Heute ist Fronleichnam. *Vor 270 Jahren anno 1741* ward dies ein Freitag. Ich befand mich im Soldatenlager **bei Strehlen** in Niederschlesien und es erreichten mich wahre Hiobsbotschaften: Meine Brüder hatten sich die **Pocken** eingefangen. Zuerst wurde ***Heinrich*** davon befallen und hernach ***Ferdinand***.

Freitag, 24. Juni 2011 *Vor 275 Jahren anno 1736* ward dies ein Sonntag. Ich residierte immer noch **in Magdeburg**, doch trat schon bald ich die Rückreise nach Ruppin an.

Sonnabend, 25. Juni 2011 *Vor 270 Jahren anno 1741* ward dies ein Sonntag. Der französische Gesandte ***Valory*** und der spanische Gesandte Graf ***Montijo*** machten mir heute im Feldlager bei **Strehlen** ihre Aufwartung. Der Conde de Montijo war neuer Gesandter Spaniens am immerwährenden Reichstag zu Regensburg.

Sonntag, 26. Juni 2011 *Vor 275 Jahren anno 1736* ward dies ein Dienstag. Ich stand bei meinem Regiment **in Ruppin**. Der Soldatenkönig erschien, um mit mir nach Rheinsberg zu gehen. Mein Vater gab mir den Befehl, dass ich ihn demnächst auf seiner Reise nach Preußen begleiten sollte, wie damals noch Ostpreußen genannt wurde. Mein Vater ermahnte mich, ich möge „rechtzeitig in Berlin sein“, damit ich die weite Fahrt wie geplant antreten konnte.

Montag, 27. Juni 2011 Heute ist Siebenschläfer. *Vor 250 Jahren anno 1761* ward dies ein Sonnabend und ich befand mich im Lager bei **Kunzendorf**. Von allen Seiten geriet ich in Bedrängnis. Von Nordosten fielen die Russen in Schlesien ein und im Süden musste sich mein Bruder ***Heinrich*** gegen die österreichische Übermacht unter Feldmarschall Daun zur Wehr setzen.

Dienstag, 28. Juni 2011 *Vor 250 Jahren anno 1761* ward dies ein Sonntag. Es war nun in Folge schon der siebente Sonntag, den ich in meinem Soldatenquartier **in Kunzendorf** in Niederschlesien verbrachte.

Mittwoch, 29. Juni 2011 *Vor 270 Jahren anno 1741* ward dies ein Donnerstag. Ich verharrte weiterhin im Soldatenlager in Niederschlesien bei **Strehlen**.

Donnerstag, 30. Juni 2011 *Vor 250 Jahren anno 1761* ward dies ein Dienstag. Ich blieb weiterhin in meinem Hauptquartier **in Kunzendorf**. Heute starb einer meiner fähigsten Offiziere, der Generalleutnant von Goltz. ***Karl Christoph Freiherr von der Goltz*** starb in Zerbau bei Glogau. Am 13. Mai hatte ich ihn noch mit einem hohen Orden dekoriert. Dieser Tage entwickelte er einen sehr geschickten Operationsplan gegen die uns bedrängenden russischen Truppen. Mit 20 Tausend Mann stand er verschanzt in Glogau. Leider konnte er seinen Plan nicht mehr ausführen. Er verstarb an hitzigem Fieber in seinem Soldatenquartier. Der Husarengeneral von Zieten musste nun für ihn in die Bresche springen. Goltz schätzte ich sehr wegen seines „correcten“ und energischen Verhaltens. An der polnischen Grenze hatte er ein Bosniakenschwadron ausgehoben, welches für die preußischen Ulanen epochemachende Bedeutung erlangen sollte. Sein 23-jähriger Sohn war mein Flügeladjutant. Freiherr von der Goltz war am 2. Dezember anno 1707 in Heinrichsdorf in Großpolen geboren. Erst vor vier Jahren ernannte ich ihn zum Generalmajor.

Der Juli
- lateinisch Julius und altdeutsch Heumonat

Der Juli galt in Preußen als der heißeste Monat des Jahres. Manchmal aber waren die hochsommerlichen Tage mit Spitzentemperaturen um die 35 Grad durch Einbruch von Strömen kühler Meeresluft, Platzregen und kräftigen Gewittern unterbrochen. Die wärmsten Tage des Jahres ergaben sich in preußischen Landen zumeist zwischen dem 15. und 24. Juli. Die Bauern sagten: Ist der Juli trocken und heiß, wird der Januar kalt und weiß. Im Juli muss braten, was im Herbst soll geraten.

Der Krebs und der Löwe beherrschten die Tierkreiszeichen im Juli. Der Krebs liebte die menschliche Wärme, Haus und Hof. Er galt als einfühlsam und sensibel. Der Krebs-Mensch zeichnete sich als Sammler aus, verbunden mit einem beschützenden Instinkt. Er bewies immer wieder Zähigkeit und Ausdauer. Gewisse Stimmungsschwankungen führten allerdings manchmal zu Sentimentalität und Selbstmitleid. Der Krebs-Mensch korrespondierte mit dem Mond, der Ebbe und Flut verursachte.

Als der König unter den Tieren galt der Löwe und auch als menschliches Sternzeichen verkörperte er majestätische Eigenschaften. Seine Symbole waren Stärke und Unabhängigkeit und so hatten die im Sternzeichen des Löwen geborenen Menschen damals wie heute deutlich hervorstehende Führungseigenschaften, Charisma und Organisationstalent.

Im Juli besuchte ich in Friedenszeiten oftmals meine Geschwister, beispielsweise meinen Bruder August Wilhelm in Oranienburg oder meinen Bruder Heinrich in Rheinsberg. Als Soldat weilte ich in diesem Sommermonat sehr häufig in Schlesien und als junger Kronprinz reiste ich im Juli anno 1736 mit meinem Vater ins Herzogtum Preußen, wie damals Ostpreußen noch genannt wurde.

Der König als Musikant

Juli-Geschichte:

Auf Reisen, 11. Juli anno 1746 vor 265 Jahren:

Königliches Flötenkonzert in Rheinsberg

Damals wie heute ward dies ein Freitag. Ich hatte in Oranienburg meinen Bruder August Wilhelm besucht. Nun befand ich mich auf Rückreise nach Potsdam. Doch entschied ich mich, gleichsam noch meinen Bruder Heinrich in Rheinsberg zu besuchen. Zwei Jahre zuvor hatte ich meine Rokoko-Residenz aus Kronprinzen-Zeiten meinem Bruder geschenkt. Er baute dort die Gartenanlagen sehr prächtig aus, deshalb verweilte ich sehr gerne in meinem vormaligen Lustschloss. Diesmal währte der Zwischenaufenthalt in der kleinen schönen Sommerresidenz Rheinsberg eine Woche.

Am heutigen Montag hielten wir im Schloss Rheinsberg Konzert, woran ich mich aktiv beteiligte. Einstmals gründete ich in Rheinsberg mein erstes Musikensemble. Damals waren die engagierten Musiker noch als Pagen und Jagdhelfer getarnt. Denn mein Vater durfte davon nichts wissen. Unter den

Zuhörern im kleinen Rokokoschloss war an diesem denkwürdigen Tag meine Mutter, die Königin Sophie Dorothea. Sie hatte in meiner Jugend mein Flötenspiel sehr gefördert, obwohl mein Vater, mir immerzu das Musizieren austreiben wollte. Mehrfach nahm er mir die Flöte weg und einmal zerbrach er diese sogar eigenhändig, indem er meine Flöte nahm und übers Knie legte und in zwei Teile brutal zerlegte. Trotz allem finanzierte meine Mutter weiter heimlich meinen Musikunterricht. Meiner geliebten Flöte gab ich einen Spitznamen. Ich nannte sie immer meine „Principessa“. Oft musste ich meinen Musiklehrer Quantz vor meinem rüden Vater verstecken und manches Mal blieb mir nichts anderes übrig, als mein Musikensemble als Jagdgesellschaft zu tarnen, um in der Abgeschiedenheit des Waldes meiner Musikleidenschaft nachgehen zu können. Das einzige Musikinstrument, welches mein Vater mir erlaubte, das war die Trommel. Nur das Schlagen der Soldatentrommel war die Musik, die meinem Vater gefiel.

Zur Freude aller blies ich während dieses sommerlichen Konzerts auf meiner Flöte. Meine Zeitgenossen priesen mein Flötenspiel als „hervorragend“, manche stuften es gar als „meisterhaft“ ein, andere wieder nur als sehr „brav“. Das Flötenspiel galt für mich als eine angenehme Entspannung vom harten königlichen Alltagsleben. Morgens und am Nachmittag übte ich nahezu täglich das Flötenspiel. Am Abend gab ich regelmäßig unter Freunden ein kleines Konzert. Meistens spielte ich im Rahmen meiner Hausmusik drei Stücke. Für meinen eigenen Gebrauch komponierte ich selber die Musiksätze. Insgesamt verfasste ich über zweihundert Musik- und Flötenstücke, darunter 121 Sonaten für Flöte und Cembalo, vier Konzerte für Flöte und Streichorchester, ein paar Märsche und weitere Stücke für Arien und Opern. Die Flöte befand sich immer an meiner Seite, selten legte ich sie aus der Hand. Meine eigenhändigen Partituren erhielten sich bis in die heutige Zeit und das Flötenbuch meines Lehrers Quantz gilt noch heute als das beste Unterrichtsbuch seiner Art. Bis ins hohe Alter war die Flöte meine Gesellschafterin. Erst anno 1779 musste ich altersbedingt das Flötenspiel aufgeben müssen.

Meine Flöten waren noch nicht aus Metall, sondern aus Holz, zumeist hergestellt vom Meister Quantz. Er war nicht nur ein guter Flötenlehrer, sondern auch ein begnadeter Flötenerbauer. Er benutzte das beste Ebenholz. Das Einteilen der Stimmung, das Bohren der Löcher nahm er stets selber vor. Meine Flöte hatte eine weite Bohrung und einen kräftigen Ton. Ohne meinen Quantz hätte ich nie so gut spielen und komponieren können.

Trotz des Kulturgenusses, den ich mir in Rheinsberg gönnte, mussten die Regierungsgeschäfte weitergehen. Von Rheinsberg aus schrieb ich an den Staatsminister von Podewils nach Berlin. Ich fürchtete ein Einverständnis der Höfe von Russland, Wien und Sachsen, welches sich gefährlich gegen Preußen richtete.

Nach einer Woche verließ ich Schloss Rheinsberg und ging über Nauen, Neuruppin nach Potsdam, wo ich noch selbigen Tages meinem Weinberg einen Besuch abstattete, um die Schlossbaustelle von Sanssouci in Augenschein zu nehmen.

Freitag, 1. Juli 2011 *Vor 250 Jahren anno 1761* ward dies ein Mittwoch. Ich befand mich seit Wochen im Lager **in Kunzendorf** im dortigen Schloss Nieder-Kunzendorf.

Sonnabend, 2. Juli 2011 *Vor 270 Jahren anno 1741* ward dies ein Sonntag. Ich lagerte **bei Strehlen**.

Sonntag, 3. Juli 2011 *Vor 270 Jahren anno 1741* ward dies ein Montag. Ich verharrte im Lager in **Strehlen**. Demnächst besuchte mich im Soldatenquartier mein Freund ***Jordan***.

Montag, 4. Juli 2011 *Vor 270 Jahren anno 1741* ward dies ein Dienstag. Ich kampierte weiterhin im Soldatenlager **in Strehlen**.

Dienstag, 5. Juli 2011 *Vor 265 Jahren anno 1746* ward dieser Tag gleichsam ein Dienstag. Ich ging anno dazumal von Potsdam aus zum Prinzen von Preußen **nach Oranienburg**, zu meinem Bruder ***August Wilhelm***, dem ich vor drei Jahren das dortige Schloss als Hochzeitsgeschenk übereignete. Gestern trafen bereits meine Mutter und meine Schwester Amalie in Oranienburg ein.

Mittwoch, 6. Juli 2011 *Vor 265 Jahren anno 1746* ward dies gleichsam ein Mittwoch. Von Oranienburg aus begab ich mich auf **Schloss Friedrichsthal**, ganz in die Nachbarschaft von Oranienburg.

Donnerstag, 7. Juli 2011 *Vor 250 Jahren anno 1761* ward dies ein Dienstag. Von Kunzendorf aus kommend erreichte ich **Pilzen**, unweit von Schweidnitz, wo ich die nächsten zwei Wochen Station machte.

Freitag, 8. Juli 2011 *Vor 265 Jahren anno 1746* ward dieser Tag gleichsam ein Freitag. Ich ging zu meinem Bruder ***Heinrich*** nach Schloss **Rheinsberg** und verblieb bei ihm eine Woche.

Sonnabend, 9. Juli 2011 *Vor 265 Jahren anno 1746* ward dies gleichsam ein Sonnabend. Ich weilte in **Rheinsberg** auf Besuch bei meinem Bruder Prinz Heinrich.

Sonntag, 10. Juli 2011 *Vor 265 Jahren anno 1746* ward dies gleichsam ein Sonntag, den ich **in Rheinsberg** verbrachte.

Montag, 11. Juli 2011 *Vor 265 Jahren anno 1746* ward dieser Tag gleichsam ein Montag und ich genoss ihn **in Rheinsberg** bei meinem Bruder ***Heinrich***, wo ich ein kleines Flötenkonzert zum Besten gab.

Dienstag, 12. Juli 2011 *Vor 250 Jahren anno 1761* ward dies ein Sonntag. Heute kampierte ich bei meinen Soldaten **in Pilzen** nahe bei Schweidnitz.

Mittwoch, 13. Juli 2011 *Vor 275 Jahren anno 1736* ward dies ein Freitag. Ich befand mich **in Gumbinnen**, in Preußen. Hier errichtete mein Vater im nächsten Monat eine Kriegs- und Domänenkammer, die als neues Verwaltungszentrum der Region wirkte. Die Gründungsurkunde wurde auf den 19. August anno 1736 datiert. Es lebten etwa 2.100 Menschen in Gumbinnen. Mein Vater hatte vor zwölf Jahren am 24. Mai anno 1724 Gumbinnen das Stadtrecht verliehen.

Donnerstag, 14. Juli 2011 *Vor 265 Jahren anno 1746* ward dies gleichsam ein Donnerstag, den ich bei meinem Bruder in **Rheinsberg** verlebte. Am morgigen Tag reiste ich nach einer Woche wieder ab.

Freitag, 15. Juli 2011 *Vor 275 Jahren anno 1736* ward dies ein Sonntag, an dem ich mit meinem Vater **in Petersdorf** bei Wehlau in Preußen Quartier fand. Mein Vater machte hier acht Tage Station. Mein Herr Papa war sehr bemüht, das öde Land, die östliche Provinz, am wirtschaftlichen Fortschritt teilhaben zu lassen. Ich nannte diesen Landesteil später Ostpreußen.

Sonnabend, 16. Juli 2011 *Vor 270 Jahren anno 1741* ward dies ein Sonntag. Ich befand mich im Soldatenlager **in Strehlen** nahe bei Breslau.

Sonntag, 17. Juli 2011 *Vor 275 Jahren anno 1736* ward dies ein Dienstag. Heute wurde Quartier **in Wehlau** in Preußen gehalten. Ich begleitete meinen Vater auf seiner Inspektionsreise durch das Herzogtum Preußen, woraus ich später Ostpreußen machte.

Montag, 18. Juli 2011 *Vor 270 Jahren anno 1741* ward dies ein Dienstag. Ich kampierte im Feldlager **bei Strehlen**. Dieser Tage kam mein Freund ***Charles Etienne Jordan*** zu Besuch. Morgen reiste er aber schon wieder nach Breslau.

Dienstag, 19. Juli 2011 *Vor 250 Jahren anno 1761* ward dies ein Sonntag. Ich befand mich **in Pilzen** unweit von Schweidnitz. Am Dienstag ging die Reise weiter durch das Eulengebirge nach Siegroth bei Nimptsch.

Mittwoch, 20. Juli 2011 *Vor 275 Jahren anno 1736* ward dies ein Freitag. Ich durchstreifte mit meinem Vater Preußen. In sechs Tagen erreichten wir **Königsberg**.

Donnerstag, 21. Juli 2011 *Vor 270 Jahren anno 1741* ward dies ein Freitag. Ich verharrte seit Wochen im Soldatenlager bei **Strehlen**.

Freitag, 22. Juli 2011 *Vor 250 Jahren anno 1761* ward dies ein Mittwoch. Ich kam über **Nossen** bei Münsterberg nach **Stephansdorf** bei Großgiesmannsdorf in Oberschlesien.

Sonnabend, 23. Juli 2011 *Vor 250 Jahren anno 1761* ward dies ein Donnerstag. Von Stephansdorf zog ich nach **Gießmannsdorf**, wo ich bis Mittwoch Quartier nahm.

Sonntag, 24. Juli 2011 *Vor 275 Jahren anno 1736* ward dies ein Dienstag. Auf seiner Inspektionsreise erreichte mein

Vater die Krönungsstadt **Königsberg** in Preußen. Ich befand mich in seinem Gefolge und zeigte mich als gelehriger Kronprinz. Bis zum 2. August hatte ich dort ein umfangreiches Besuchsprogramm zu absolvieren.

Montag, 25. Juli 2011 *Vor 270 Jahren anno 1741* ward dies ein Dienstag. Ich hielt aus im Feldlager **in Strehlen** nahe Breslau.

Dienstag, 26. Juli 2011 *Vor 265 Jahren anno 1746* ward dies gleichsam ein Dienstag. Diesen Tag begab ich mich auf Reisen nach Schlesien. Über **Crossen** an der Oder erreichte ich nunmehro **Glogau**, wo ich bis zum morgigen Mittwoch verblieb.

Mittwoch, 27. Juli 2011 *Vor 265 Jahren anno 1746* ward dieser Tag gleichsam ein Mittwoch. Ich befand mich mit großem Gefolge auf Reise durch Schlesien. Zur Reisegesellschaft gehörten: mein jüngster Bruder ***Ferdinand,*** mein Schwager ***Ferdinand von Braunschweig***, der Graf ***von Wernigerode,*** und die Generäle ***von Borke*** und ***Winterfeld***, nebst meinen Freunden ***Buddenbrock*** und ***Lentulus***, außerdem noch der geheime Kabinettsrat ***Eichel*** und mein Adjutant ***von Lingerfeld***. Seit gestern Abend hatten wir in **Glogau** Quartier bezogen. Morgen erreichten wir Breslau und übermorgen fand dort die Gesellschaft von Kardinal ***Sinzendorff*** statt.

Donnerstag, 28. Juli 2011 *Vor 265 Jahren anno 1746* ward dieser Tag gleichsam ein Donnerstag. Heute erreichte ich **Breslau**, wo ich bis Montag residierte.

Freitag, 29. Juli 2011 *Vor 265 Jahren anno 1746* ward dies gleichsam ein Freitag. Heute genoss ich in **Breslau** die Gesellschaft des Kardinals ***Sinzendorff***.

Sonnabend, 30. Juli 2011 *Vor 265 Jahren anno 1746* ward dieser Tag gleichsam ein Sonnabend. Dero einst fand **in Breslau** meine Heerschau statt. Ich nahm dort die **Generalrevue** ab.

Sonntag, 31. Juli 2011 *Vor 265 Jahren anno 1746* ward dieser Tag gleichsam ein Sonntag. Seit Donnerstag verweilte ich **in Breslau**, von wo aus ich übermorgen nach Oels aufbrach.

Der August
- lateinisch Augustus und altdeutsch Ernting

Die Tierkreiszeichen dieses Monats waren seit alters her Löwe und Jungfrau. Der majestätische Löwe beherrschte zwei Drittel vom August. Dem im Zeichen des Löwen geborenen Menschen wurde Charisma und Organisationstalent zugesprochen. Er war sehr dem Pomp und seiner Prachtentfaltung zugeneigt, verbunden mit Sinn für das Dramatische. Mittelalterliche Darstellungen zeigten den Löwen oftmals mit Zepter und Schwert, den Insignien der Macht. Die Jungfrau als Sternzeichen verkörperte scharfsinnigen Intellekt und kommunikative Fähigkeiten. Sie liebte Ordnung, Sauberkeit und war ein Beispiel der Präzision. Sie hatten den Ruf, als ausgesprochene Perfektionistin, das galt gleichsam für Mann und Frau.

Die Bauern sagten über diesen Monat: Trockener August ist des Bauern Lust, oder auch: August ohne Feuer, macht das Brot teuer und im August muss es heiß sein, soll guter Wein sein.

Im August ging in Preußen immer mehr oder weniger der Hochsommer langsam zu Ende. Die zweite Augusthälfte ward zumeist schon mit wechselhafter Witterung verbunden. Es war die Zeit, in der ich fast immer nach Schlesien reiste. Oftmals brach ich um den 12. oder 13. August auf, um über Crossen, Glogau, Lüben, Liegnitz, Hirschberg, Schweidnitz, Silberberg, Glatz, zuweilen auch über Cosel nach Neisse zu fahren. Da wurde dann um den 24. August herum die „Spezial- und Generalrevue" abgehalten. Hernach ging es über Brieg und Ohlau bis Breslau.

Ein Königsschloss zu Breslau

August-Geschichte:

Auf Reisen, 29. August anno 1751 vor 260 Jahren:

Besichtigung der Schlossbaustelle in Breslau

Es war mein ausdrücklicher Wunsch, mir in Breslau, der Hauptstadt Schlesiens, ein Wohnquartier zu schaffen. So richtete ich mir mitten im Zentrum der Stadt in Friedensjahren eine bescheidene, aber doch sehr ansehnliche königliche Wohnstätte ein. Der Südflügel des von mir errichteten Breslauer Stadtschlosses hat sich im Original bis heute erhalten und erinnert wie ein Menetekel geradezu an mein Lustschloss Sanssouci. Noch heute strahlt den Besuchern dort im Innern des Schlosses mein Bildnis entgegen.

Von Glogau kommend traf ich an diesem Sonntag in Breslau ein. Leider war mein königliches Palais noch nicht bewohnbar. Ich nächtigte im Gartenhaus vor dem Schweidnitzer Tor. Drei Tage verweilte ich dort und in der Stadt. Gleichsam besuchte ich den Fürstbischof Schaffgotsch. Morgen werde ich ihn treffen. Doch mein Hauptinteresse galt der im letzten Jahr begonnenen Schlossbaustelle.

Ursprünglich war an dieser Stelle das Palais des österreichischen Barons Heinrich von Spätgen. Im letzten Jahr habe ich das marode Palais erworben. Ich kaufte es nicht nur um es vom Verfall zu retten, sondern um es zu meinem Breslauer Residenzschloss auszubauen.

Mein Baumeister Johan Bouman d. Ä. war der maßgebliche Architekt, um aus diesem Palais ein kleines Königsschloss zu machen. Es wurde meine neue Provinzialresidenz. Bouman richtete sich in Grundzügen nach meinen Vorgaben. Es diente dabei als Vorbild Schloss Sanssouci in Potsdam. Dieser königliche Schlossbau meines Baumeisters Johann Bouman machte den Wandel deutlich, der durch meine Herrschaft in Schlesien eintrat. Die letzten Jahrhunderte war Schlesien böhmisch-österreichisch beherrscht. Dieser Einfluss der letzten Jahrhunderte war auch an der Architektur ablesbar. Das sollte sich ändern. Die überladene Dekoration des böhmischen Barock wurde abgelöst durch die feineren Formen des preußischen Rokoko. Aber die daraus entstandene Vermischung zwischen Preußentum und wienerischem Charme verlieh diesem meinem neuen Königsschloss einen eigenartigen Reiz. Leider litt es im Siebenjährigen Krieg anno 1760 unter dem Beschuss der Österreicher und ich schickte hernach meinen Baumeister Carl Ludwig Hildebrandt nach Breslau, um den Wiederaufbau nach den Kriegszerstörungen zu leiten.

Montag, 1. August 2011 *Vor 265 Jahren anno 1746* ward dieser Tag gleichsam ein Montag. Seit Donnerstag befand ich mich **in Breslau**. Morgen reiste ich wieder ab in Richtung Berlin, hielt aber unterwegs noch an verschiedenen Orten Zwischenstation.

Dienstag, 2. August 2011 *Vor 265 Jahren anno 1746* ward dieser Tag gleichsam ein Dienstag. Von Breslau aus begab ich mich heute nach **Öls** und reiste weiter nach **Kreuzburg** in Oberschlesien, wo ich mein Nachtquartier aufschlug.

Mittwoch, 3. August 2011 *Vor 265 Jahren anno 1746* ward dieser Tag gleichsam ein Mittwoch. Von Kreuzburg aus reiste ich nunmehro weiter nach **Cosel**, wo ich die Nacht verbrachte.

Donnerstag, 4. August 2011 *Vor 250 Jahren anno 1761* ward dies ein Dienstag. Ich befand mich in arger Bedrängis durch österreichische und russische Truppen. Ich zog an diesem Tag in Oberschlesien von Oppersdorf bei Neisse **nach Schönbrunn**, gelegen zwischen Grottkau und Strehlen. Im dortigen Gutshaus nahm ich Quartier beim von mir bisher sehr geschätzten Baron ***Heinrich Gottlob von Warkotsch***. Damals wusste ich noch nicht vom bösartigen Treiben dieses Barons. Er plante meine gewaltsame Verschleppung - lebend oder tot. Ich sollte heimlich zu nächtlicher Stunde durch österreichische Soldaten gefangen genommen werden. Doch wie durch ein Wunder entging ich der feindlichen Entführung. Pastor ***Gerlach*** und der Jäger ***Matthias Kappel*** retteten mich in letzter Minute vor dem bösen Anschlag.

Freitag, 5. August 2011 *Vor 250 Jahren anno 1761* ward dies ein Mittwoch.

Heute befand ich mich für vier Tage **in Strehlen** in Niederschlesien.

Sonnabend, 6. August 2011 *Vor 265 Jahren anno 1746* ward dieser Tag gleichsam ein Sonnabend. Von **Neisse** aus begab ich mich heute im Verlauf des Tages zu Inspektionen nach Grottkau, Strehlen und Münsterberg. Am Abend kehrte ich nach Neisse zurück.

Sonntag, 7. August 2011 *Vor 265 Jahren anno 1746* ward dieser Tag gleichsam ein Sonntag. Heute kam ich von Neisse aus nach **Kamenz und Glatz**, morgen ging die Reise weiter nach Schweidnitz.

Montag, 8. August 2011 *Vor 250 Jahren anno 1761* ward dies ein Sonnabend. Ich befand mich im Soldatenlager **bei Strehlen**.

Dienstag, 9. August 2011 *Vor 265 Jahren anno 1746* ward dieser Tag gleichsam ein Dienstag. Ich reiste durch Schlesien, trat aber sobald die Rückreise nach Berlin an, wo ich in zwei Tagen eintraf. Nun machte ich erst einmal Zwischenhalt in **Freiburg** und **Jauer**.

Mittwoch, 10. August 2011 *Vor 270 Jahren anno 1741* ward dies ein Donnerstag. In meinem Hauptquartier **bei Strehlen** in Niederschlesien hielt ich **Revue** über meine Truppen. Gleichsam gab ich ein Fest in meinem Soldatenquartier. Sämtliche in Breslau weilenden hochansehnlichen fremden Gesandten ließen sich von mir zu einem Kriegs- und Feldfest ins Lager „invitiren“, darunter die englischen Gesandten Sir ***Thomas Robinson*** und Lord ***Hyndford***.

Die von mir der Stadt Breslau zugestandene Neutralität wurde nicht streng genug beachtet. So kam nunmehro mein Marschall Graf ***Kurd Christoph von Schwerin*** den Österreichern zuvor und hielt Einzug in **Breslau**. Im Handstreich nahm er die mit dem Gegner konspirierende Stadt Breslau ein.

Donnerstag, 11. August 2011 *Vor 270 Jahren anno 1746* ward dies ein Freitag. Ich weilte in meinem Soldatenquartier bei **Strehlen** in Niederschlesien und genoss die handstreichartige Besitznahme von **Breslau**. Es war der Tag, an dem die Bürgerschaft mir den **Treueid** schwor. Der Magistrat hatte bereits gestern den Schwur auf den König von Preußen abgelegt und morgen gelobte die holde Geistlichkeit mir gleichsam ihre Treue.

Freitag, 12. August 2011 *Vor 250 Jahren anno 1761* ward dies ein Mittwoch. Nun verbrachte ich zwei Tage **in Jerschendorf** bei Neumarkt in Niederschlesien.

Sonnabend, 13. August 2011 *Vor 270 Jahren anno 1741* ward dies ein Sonntag. Seit zwei Wochen verharrte ich in meinem Hauptquartier **bei Strehlen** in Niederschlesien.

Sonntag, 14. August 2011 *Vor 235 Jahren anno 1776* ward dies ein Mittwoch. Von Potsdam aus begab ich mich samt Gefolge auf Inspektionsreise **nach Schlesien**. Dabei waren mein Thronfolger ***Friedrich Wilhelm***, Prinz ***Friedrich von Braunschweig,*** die beiden Prinzen ***Friedrich*** und ***Ludwig von Württemberg*** sowie der General von ***Prittwitz***.

Auf der Reise machte ich Station **in Bolkenhain** an der Wütenden Neiße. Dort erkundigte ich mich nach dem Prediger ***Ulbert***, bei dem ich einstmals Quartier bezogen hatte. Da er eben gegenwärtig war, trat er hervor, und hielt eine Rede, die mich sehr rührte, weil er auch seinen Dank gegen Gott für die Wiederherstellung meiner Gesundheit aussprach. Sehr innig dankte er Gott für meine Genesung von meiner Krankheit, die mich seit letztem Winter monatelang geplagt hatte.

Montag, 15. August 2011 Heute ist Mariä Himmelfahrt. *Vor 275 Jahren anno 1736* ward dies ein Mittwoch. Heute weilte ich nach anstrengenden Reise-Wochen mit meinem Herrn Papa erstmalig wieder **in Ruppin** bei meinem Regiment und war sehr glücklich, weil ich mich morgen nach Rheinsberg zurückziehen konnte.

Dienstag, 16. August 2011 *Vor 250 Jahren anno 1761* ward dies ein Sonntag. Ich ging heute für drei Tage **nach Wahlstatt**, südöstlich von Liegnitz, wo ich im dortigen Benediktiner-Kloster Quartier fand. Zwischenstation hielt ich in der alten Goldbergbaustadt **Nikolstadt**, wo ich mich in einer sehr ungünstigen Position befand. Die feindlichen österreichischen Truppen standen mir im Rücken und vor mir drohte die gegnerische russische Armee.

Mittwoch, 17. August 2011 *Vor 230 Jahren anno 1781* ward dies ein Freitag. Heute weilte ich im Riesengebirge **in Schmiedeberg** und empfing dort die **Kaufmannschaft**. Im Hause der Witwe des Kaufmanns ***Stengel***, wo ich logierte, führte ich eine lange Unterredung mit mehreren Kaufleuten; unter anderen waren dabei: der Kaufmann ***Keller*** aus Landeshut, ***Hoffmann*** aus Schmiedeberg, Hoffmann aus Hirschberg sowie der Kaufmann Schneider. Ich hatte mir verschiedene Gattungen Leinwand vorlegen lassen. Als ich den Kaufleuten einen Vorschlag zur Ausbreitung ihres Handels machte, bekräftigten die Kaufleute die Unausführbarkeit meines Strebens. Darauf sagte ich: „Nu, nu – es sind nur so Ideen, die ich habe – Sie müssen das freilich besser verstehen, ich komme zu Ihnen in die Schule.“ Auf meine „Frage, ob sie hier Steinkohlen hätten, antwortete einer der Kaufleute, daß sie selbige aus Waldenburg und Gottesberg bekämen; dabei bemerkte ein anderer, daß sie nun auch besser zu transportiren sein würden, wenn durch I. Maj. gnädige Vorsorge die Wege vollends durchgängig werden verbessert sein; darauf erwiederte“ ich „lächelnd: Ich werde Ihren Befehl respectiren, ich bin darum da.“

Donnerstag, 18. August 2011 *Vor 230 Jahren anno 1781* ward dies ein Sonnabend. Ich kam während meiner Inspektions-Reise durch Schlesien heute über **Dittersbach** nach **Landeshut** zurück, wo ich bereits kurz am Donnerstag weilte. Von dort aus ging die Reise weiter nach **Schweidnitz**. Hier erkundigte ich mich bei dem Bäckermeister ***Friese*** nach dem Erfolg des Versuchs, das Brot mittelst Steinkohlenfeuerung zu backen und nach der Einrichtung der dazu erbauten neuen eisernen Öfen.

Freitag, 19. August 2011 *Vor 275 Jahren anno 1736* ward dies ein Sonntag, an dem ich glücklich **in Rheinsberg** verweilte.

Sonnabend, 20. August 2011 *Vor 250 Jahren anno 1761* ward dies ein Donnerstag. Meine Lage gestaltete sich sehr prekär: eingeschlossen von einer Übermacht von etwa 60.000 Russen unter ***Alexander Borissowitsch Buturlin*** und 70.000 Österreichern unter ***Gideon Ernst von Laudon*** nahm ich für einige Wochen Quartier bei **Bunzelwitz** und ließ meine Stellungen zwischen **Striegau** und **Schweidnitz** stark verschanzen. Die nächsten fünf Tage wohnte ich in einem kleinen Bauernhäuschen in Bunzelwitz und ab Mittwoch schlief ich bis Anfang September in einem Zelt am Waldesrand von **Peterwitz**. Später wurde an dieser Stelle eine Ortschaft gegründet, die in Erinnerung an mein Nachtlager auf den Namen **Königszelt** getauft wurde.

Sonntag, 21. August 2011 *Vor 225 Jahren anno 1786* ward dies ein Montag. Bereits vier Tage nach meinem Tode erschien heute in der Allgemeinen **Jena**er Literatur-Zeitung in der Ausgabe Nr. 199 ein Nachruf auf mein Leben. Besonders mein schriftstellerisches Wirken wird darin hervorgehoben: „Selten war Schriftstellerruhm Beruf der Könige; seltener das Glück, den Kranz Apolls mit dem Lorbeerzweige der Helden und dem erhabensten Schmucke der Fürsten, der Krone ob cives servatos zu verbinden. Friedrich II that's. Seine Gedichte, für ihn zwar nur Spiele eines auf große Thaten sinnenden, oder Erholungen eines von großen Thaten ausruhenden Geistes, würden manchem Dichter als Werke Ruhm gebracht, und mancher würde für sie lebenslängliche Muße als Spielraum, oder als Belohnung gefordert und erworben haben." Und weiter war zu lesen: „das Kolorit seiner Schreibart simpel, doch immer lebhaft und kräftig. Seine Schriften hätten auch als Werke eines Privatmannes gewirkt, aber als Geistesfrüchte eines solchen Königs stifteten sie eine Revolution. Unter der Regierung seines Vaters ward Autorschaft und Pedanterei unter den Großen so ziemlich für Eins gehalten, und ein Jgnorant zu sein war ein Geständnis, mit dem sich wenigstens ein Officier, wie Marius mit seinem Graecas literas non didici, brüsten konnte. Aber dieses Königs Beispiel, der unter so viel glorreichen Thaten, im Felde und im Kabinette, noch Zeit genug behielt, zu lesen, was die besten Schriftsteller gesagt; noch Lust behielt, seiner Vorfahren Geschichte und seiner Freunde Verdienst zu beschreiben, dieses verschaffte dem guten Schriftsteller in den Preußischen Staaten, und dadurch in ganz Deutschland, den ihm gebührenden Rang, und die Befehlshaber seiner Heere hielten es nicht mehr für unverträglich mit dem kriegerischen Geiste, den Musen und Gracien zu opfern. Sein einer und richtiger Geschmack für das Große und Schöne drang bis in Schreibart der Kabinette und Gerichtsstühle ein, und wenn die Staatsschriften eines von Hertzberg, und derer, die mit ihm genannt zu werden verdienen, Englische Freimüthigkeit mit Französischer Urbanität verbunden, unbedeutendes Wortgepräge, steifes Ceremoniel und Sprachmengerei verbannt, und dafür Deutlichkeit, Ordnung, Ueberredungskraft und Annehmlichkeit in die Hof- und Staatssprache eingeführt, wenn sie rühmliche Nacheiferung bei andern Deutschen Höfen erweckt haben, wer anders als Friedrich II hat den Ton dazu angegeben? Er, dem leerer Klingklang in Worten und Thaten gleich verhaßt war." Und die Literatur-Zeitschrift fügte hinzu, meine Bevorzugung des französischen Esprits habe „nicht wenig dazu beigetragen, die Eifersucht des Deutschen Genius zu erregen, und seine bisher schlummernden Kräfte aufzuwecken." Hervorgehoben wurde in der Literatur-Zeitung, durch mein Wirken sei „seit 1740 vorzüglich in Preußischen Staaten die Fackel der Vernunft erhoben worden, die Nebel der Schwärmerei und des Aberglaubens zu zerstreuen, und wenn ihr wohlthätiger Schimmer die Theologie der Protestanten aufgeklärt und selbst in die Finsternis der Katholischen Morgendämmerung gebracht hat". Besonders mein Wirken für die Pressefreiheit wird von der Jenaer Literatur-Zeitung gewürdigt: „Wer nun noch erwägt, wie sehr dieser erhabene Monarch die Freiheit der Presse begünstigte, wie weit er entfernt war, seine Privatmeinungen in der Theologie und andern Theilen der Literatur irgend jemandem aufzudringen, wie äußerst selten es ihm begegnete, in Sachen, die nicht in dem Kreise seiner Einsichten lagen, durch Machtsprüche zu entscheiden, wie wenig ihn Widerspruch in Druckschriften, sogar von seinen Unterthanen, und nicht bloß über gelehrte Materien, sondern selbst über

Regierungsangelegenheiten, beleidigte, der muß mit einer Art des frohen Erstaunens sich selbst gestehen, daß man der Menschheit nicht mehr schmeicheln kann, als wenn man in einem Geiste von so wunderbarer und außerordentlicher Größe und Güte, nach mühsamen Suchen glücklich einige kleine Fehler findet, die die Menschlichkeit dieses großen Charakters bestätigen."

Montag, 22. August 2011 *Vor 250 Jahren anno 1761* ward dies ein Sonnabend. Ich nächtigte in **Bunzelwitz**, wo ich seit gestern mein Hauptquartier in einem kleinen Bauernhaus fand.

Dienstag, 23. August 2011 *Vor 275 Jahren anno 1736* ward dies ein Donnerstag, den ich **in Rheinsberg** verbringen konnte.

Mittwoch, 24. August 2011 *Vor 230 Jahren anno 1781* ward dies ein Freitag. Ich weilte auf Inspektions-Reise in Schlesien. Heute erreichte ich **Neisse.** Morgen ging die Fahrt weiter nach Breslau begeben.

Donnerstag, 25. August 2011 *Vor 230 Jahren anno 1781* ward dies ein Sonnabend. Für vier Tage hielt ich mich **in Breslau** auf. Heute ließ ich die **Revue** meiner Truppen passieren. Außerdem führte ich eine aufschlussreiche Unterredung mit dem Philosophen ***Christian Garve***.

Freitag, 26. August 2011 *Vor 235 Jahren anno 1776* ward dies ein Montag. Nunmehro kam ich auf meiner Reise durch Schlesien von Neisse aus in der Stadt **Breslau** an, wo ich bis Donnerstag Quartier bezog.

Sonnabend, 27. August 2011 *Vor 270 Jahren anno 1741* ward dies ein Sonntag. An diesem Tag schlug ich im schlesischen **Reichenbach** mein Soldatenlager auf.

Sonntag, 28. August 2011 *Vor 260 Jahren anno 1751* ward dieser Tag ein Sonnabend. Ich befand mich **in Glogau**. Morgen ging es weiter nach Breslau.

Montag, 29. August 2011 *Vor 260 Jahren anno 1751* ward dies ein Sonntag. Für drei Tage besuchte ich die schlesische Hauptstadt **Breslau**. Mein besonderes Interesse fand an diesem Tag das neu erbaute Schloss, welches ich in Augenschein nahm.

Montag, 30. August 2011 *Vor 230 Jahren anno 1781* ward dieser Tag ein Donnerstag. Auf meiner Inspektions-Reise durch Schlesien halte ich mich derzeit in meinem Hauptquartier **in Berghof** auf. Inhaber dieses Gutshofes bei Wenig-Mohnau im Landkreis Schweidnitz war der Baron ***Heinrich Siegmund von Czettritz.*** Für seine Gastfreundschaft schenkte ich ihm bei meiner Abreise einen kostbaren Ring. Der heutige Tag war für das Schicksal Preußens sehr bedeutsam, denn es erfolgte die Erneuerung des alten Bündnisses mit **Russland**, was ich anno 1764 abschloss.

Mittwoch, 31. August 2011 *Vor 240 Jahren anno 1771* ward dies ein Sonnabend. Von Breslau begab ich mich daselbst zu meinem Hauptquartier nach Schloss **Golau**, wo ich bis Dienstag verblieb. Schloss Golau gehört zur Stadt ***Gollub*** in Westpreußen, am Fluß Drewenz, nordöstlich von Posen im Kulmer Land. Diese Stadt gehörte in grauer Vorzeit zum deutschen Ritterorden, auf der anderen Seite des Flusses Drewenz lag die russisch-polnische Stadt Dobrien, zeitweise gar Grenzstadt zwischen Preußen und Russland.

Der September
- lateinisch Septembris und altdeutsch Herbstmond

Der September galt in Preußen als der schönste Reisemonat. Er vereinte Spätsommer und Frühherbst, zumeist in angenehmer Fasson. Die Mitte des Monats neigte häufig zum schlechten Wetter, aber ansonsten zeigte sich der September vielfach von seiner besten Seite.

Im September hatte ich oftmals meine Soldatenpflichten in Schlesien und gelegentlich auch in Sachsen wahrzunehmen. Auch in Friedenszeiten verweilte ich während der ersten September-Tage meistens in und um Breslau und kehrte hernach nach Potsdam oder Berlin zurück.

Als bestimmende Tierkreiszeichen für diesen Monat galten ebenfalls in meinem Jahrhundert Jungfrau und Waage, wobei die Jungfrau den Ton angab. Die Dominanz der Jungfrau erstreckte sich über zwei Drittel des September. Der Jungfrau wurden Sauberkeit und Ordnungsliebe nachgesagt und der Jungfrau-Mensch galt von daher als Musterbeispiel der Präzision, was bis zur Pedanterie abgleiten konnte. Getreu der griechischen Mythologie stieg die Gerechtigkeitsgöttin Astraria als Jungfrau zum Himmel empor. Gleichsam zeigten sich die Fruchtbarkeits- und Erntegöttinnen Demeter und Ishtar als Jungfrauen. In der römischen Sage trat die Göttin Justitia als Jungfrau in den Himmel ein. Auf Bilddarstellungen war die Jungfrau in fließende Gewänder gehüllt und trug einen Palmenzweig, eine Vase oder eine Weizengarbe. Der Mensch im Zeichen der Waage wurde als sehr charmant und diplomatisch beschrieben. Er neigte zur Kunst und war mit Luxus und Schönheit ausgestattet. Doch auch das Zaudern, das Abwägen von Für und Wider, galt ihm eigen.

Die Bauern sagten über den September: Was der August nicht kocht, wird auch der Herbst nicht braten. Oder die Waldbauern reimten: Wenn der September noch donnern kann, setzen die Bäume nochmals Blüten an. Ende September, am Michaelistag, dichteten die Bauern: Kommt Michaelis heiter und schön, wird es vier Wochen so gehn.

Der Soldatenkönig besucht seinen Sohn in Rheinsberg

September-Geschichte:

Auf Reisen, 4. September anno 1736 vor 275 Jahren:

Väterlicher Besuch in Rheinsberg

Mein Vater hatte mir Schloss Rheinsberg geschenkt. Zusammen mit meiner Frau Elisabeth Christine bezog ich im September 1736 das renovierte Anwesen. Heute traf hier mein Herr Papa ein und war für drei Tage Gast in meiner Kronprinzen-Residenz. Meine Frau und ich bewirteten ihn reichlich und ganz zu seiner Zufriedenheit gaben wir das gute Ehepaar ab, was er von uns erwartete. Ab sofort führte ich hier ein Leben als geistreicher Kronerbe und umgab mich mit gescheiten Leuten. Wir spielten Theater und frönten der Hausmusik. Viele Stunden weihten wir der Poesie und geistreichen Gesprächen. Diszipliniert lernte ich zu arbeiten und holte zum Wohlsein meines Vaters den Bildungsrückstand auf, den er mir einstmals schwer verübelt hatte. Mit Scharfsinn betrachtete ich die europäische Politik und bereitete mich auf mein Herrschaftsamt vor.

Rheinsberg lag südlich meiner Garnisonsstadt Neuruppin, wo mein Regiment stand. Mein Vater hatte das eingeschossige Renaissance-Schloss gekauft. Vor drei Jahren schenkte er es mir bei seinem ersten Rheinsberg-Besuch. Ich durfte das heruntergekommene Bauwerk nach meinem Geschmack umgestalten. Ich nannte in Anlehnung an die römische Antike das Schloss nach einem der Gründer Roms Remusberg. Ich gab im Äußeren dem Schloss ein barockes Aussehen. Doch im Inneren gestaltete ich alles bereits im moderneren Rokoko-Stil. Georg Wenzeslaus von Knobelsdorff leistete diese ehrenvolle Aufgabe der künstlerischen Ausgestaltung. Ebenso bekam ich die Unterstützung des Hofmalers Pesne, der zur Verschönerung der Deckengemälde seinen Beitrag leistete. Besonderes Augenmerk schenkte ich auch der Gartengestaltung. Er bekam gleichsam ein Rokokogesicht und der kleine See wurde in die Schlossanlage einbezogen.

Mit meiner Frau und einem kleinen Hofstaat lebte es sich gut auf Rheinsberg. Später bekannte ich freimütig: Nur hier war ich glücklich. Ja, tatsächlich nur in diesen jungen Jahren lebte ich gemeinsam mit meiner Frau Elisabeth Christine entweder in Rheinsberg oder im Kronprinzenpalais zu Berlin. Ansonsten waren wir von Tisch und Bett getrennt, denn aus einer Zwangsverheiratung konnte nun mal keine Liebesbeziehung erwachen. Drei Jahre waren wir nun auf Befehl meines Vaters verheiratet und ich mimte den treuen Ehemann. Er glaubte tatsächlich noch immer, bald Großvater werden zu können. In freudiger Erwartung besuchte er uns in Schloss Rheinsberg.

Meine Rheinsberger Idylle ließ mir Muße, um mein erstes philosophisches Werk zu fertigen. Es entstand der Antimachiavell, mein philosophisches Erstlingswerk. Hochmoralische Gedanken beherrschten deroeinst noch meine Vorstellungswelt, ich wollte der Machtideologie des Italieners Machiavelli Paroli bieten. Später musste ich sehr schnell lernen, pragmatischere oder machtorientiertere Wege zu gehen. Dereinst träumte ich noch von einem philosophischen Königtum, das mit meiner Regierungsübernahme anbrechen sollte.

Donnerstag, 1. September 2011
Vor 255 Jahren anno 1756 ward dies ein Donnerstag. Ich befand mich im Kurfürstentum Sachsen, **in Pretzsch,** inmitten der Elbauen bei meinen Soldaten. Morgen zogen wir weiter in Richtung Torgau. Ich residierte sehr angenehm im **Schloss Pretzsch** an der Elbe. Es ist die ehemalige Residenz von ***Christiane Eberhardine von Brandenburg-Bayreuth***. Sie verstarb hier einsam und verlassen im Alter von 55 Jahren am 4.

September anno 1727 und wurde zwei Tage später in der Stadtkirche beigesetzt. Ich stand an ihrem Grab. Sie war eine großartige Frau.

Als Gemahlin August des Starken ward sie Kurfürstin von Sachsen und ab 1697 Titularkönigin von Polen. Zeitlebens blieb sie ihrer protestantischen Herkunft treu, obwohl ihr Gemahl zugunsten der polnischen Krone zum katholischen Glauben konvertierte. Sie entsagte dem Glanz der Krone Polens und führte in Pretzsch ein selbstgewähltes Exil, wo sie ein beachtliches kulturelles und wirtschaftliches Leben entfaltete. Sie kümmerte sich um das Schicksal von Waisenkindern und übernahm die Glashütte in Pretzsch. Doch als sie starb, da kam weder Sohn noch Gatte zur Beisetzungsfeierlichkeit. ***Johann Sebastian Bach*** komponierte daraufhin die Trauerode „Laß, Fürstin, laß noch einen Strahl" und ***Johann Christoph Gottsched*** dichtete dazu den Text. Die Trauerode wurde am 15. Oktober anno 1727 in der Dresdner Paulinerkirche aufgeführt. Ihr Sohn Friedrich August II. wurde 1733 Kurfürst von Sachsen und als August III. König von Polen und Großherzog von Litauen. Er war jetzt leider mein Kriegsgegner. Er führte durch seine einseitige Unterstützung Österreichs den einst mächtigen Staat Polen-Litauen und das Kurfürstentum Sachsen in die Katastrophe des Siebenjährigen Krieges. Er musste einen großen Teil der preußischen Kriegskosten bezahlen. Ich soll dazu gesagt haben: „Sachsen ist ein Mehlsack, egal wie oft man darauf schlägt, es kommt immer noch etwas heraus!" Nach diesem Krieg war auch die Polenkrone dahin. Polen geriet unter die Vorherrschaft Russlands und Zarin Katharina II. machte ihren Liebhaber Stanislaw August Poniatowski zum König Polens.

Freitag, 2. September 2011 *Vor 230 Jahren anno 1781* ward dies ein Sonntag. Heute verließ ich mein Quartier in **Berghof** bei Schweidnitz und trat meine Heimreise nach Potsdam an. Dem Besitzer dieses Gutes, dem Baron ***von Czettritz***, ließ ich ein beträchtliches Geschenk ins Haus bringen und in fünf Jahren erhob ich ihn in den preußischen Grafenstand.

Sonnabend, 3. September 2011 *Vor 275 Jahren anno 1736* ward dies ein Montag. Ich traf **in Rheinsberg** Vorbereitungen für den Besuch meines Vaters, der unmittelbar bevorstand.

Sonntag, 4. September 2011 *Vor 275 Jahren anno 1736* ward dies ein Dienstag. Mein Vater, der Soldatenkönig ***Friedrich Wilhelm*** war für drei Tage zu Besuch bei mir in **Rheinsberg**.

Montag, 5. September 2011 *Vor 255 Jahren anno 1756* ward dies ein Sonntag. Meine Soldaten durchzogen die Täler des Keppritzbaches und des Ketzerbaches. Ich hielt inne **in Lommatzsch** bei Meißen und fand ein gastliches Quartier im Haus der **Löwen Apotheke** an der Meißener Straße.

Dienstag, 6. September 2011 *Vor 275 Jahren anno 1736* ward dies ein Donnerstag. Ich weilte in Gesellschaft meines Vaters **in Rheinsberg**. Meine Frau, Kronprinzessin ***Elisabeth Christine*** richtete einen Dank an König ***Friedrich Wilhelm I.*** Meine Frau lobte meinen Vater für seine Gunst und Güte, die er uns erwies, indem er uns in Rheinsberg leben ließ.

Mittwoch, 7. September 2011 *Vor 255 Jahren anno 1756* ward dies ein Dienstag. Ich durchstreifte die Freiberger Gegend und von **Rothschönberg** begab ich mich nach **Wilsdruff** westlich von Dresden.

Donnerstag, 8. September 2011 *Vor 255 Jahren anno 1756* ward dies ein Mittwoch. Ich näherte mich der Stadt Dresden und nahm **in Wilsdruf** Quartier.

Freitag, 9. September 2011 *Vor 250 Jahren anno 1761* ward dies ein Mittwoch. Ich kampierte in der Gegend von **Bunzelwitz**, seit Tagen nächtigte ich in einem Zelt am Waldesrand von **Peterwitz**. Später wird hier eine Ortschaft gegründet, die in Erinnerung an meine Lagerstätte den Namen **Königszelt** erhielt. Nun verließ ich aber das Zelt und ging wieder in mein Hauptquartier in dem kleinen Bauernhäuschen von Bunzelwitz, wo ich bereits im August residierte.

Sonnabend, 10. September 2011 *Vor 255 Jahren anno 1756* ward dies ein Freitag. Ich zog kurz nach **Dresden** und nahm hernach Quartier im Schloss in **Großsedlitz**, südlich von Heidenau. Hier bliebe ich mit meinem Hauptquartier bis Ende des Monats. Errichtet hatte das Schloss ***August Christoph Graf von Wackerbarth*** und der Kurfürst-König Friedrich August I. Das Schloss ***August des Starken*** trug den Namen **Friedrichsburg**. Das Schloss meines Kriegsgegners entschädigte mich für die Entbehrungen des beginnenden Siebenjährigen Krieges und die wunderschöne Treppenanlage und der barocke Garten erinnerte mich immerfort an mein liebes Sanssouci, was ich für lange Zeit vermissen musste.

Sonntag, 11. September 2011 *Vor 255 Jahren anno 1756* ward dies ein Sonnabend. Ich residierte in **Großsedlitz** zwischen Heidenau und Pirna. Heute erreichte mich aus Wien auf meine Friedensbotschaft an Maria Theresia die dritte Antwort aus Wien, demzufolge waren alle meine Friedensbemühungen zwecklos.

Montag, 12. September 2011 *Vor 260 Jahren anno 1751* ward dies ein Sonntag. Ich kam dero einst von **Neisse** aus nach **Schweidnitz**. Von hier aus trat ich hernach meine Rückreise nach Berlin an. Schon in drei Tagen erreichte ich dann auch meine Residenzhauptstadt.

Dienstag, 13. September 2011 *Vor 250 Jahren anno 1761* ward dies ein Sonntag. Nun residierte ich wieder seit Donnerstag im Quartier im kleinen Bauernhäuschen **in Bunzelwitz**.

Mittwoch, 14. September 2011 *Vor 270 Jahren anno 1741* ward dies ein Donnerstag. Ich verharrte im oberschlesischen Soldatenquartier **in Riemertsheide** bei Neisse. Fern ab davon starb heute in Paris im Alter von 81 Jahren mein Korrespondent ***Charles Rollin***. Seine schriftstellerischen Werke hatten mir sehr viel Freude bereitet und auch sein Rhetoriklehrbuch. Der Briefwechsel mit ihm ward mir sehr wichtig. Mein Pariser Literatur-Agent ***Nicolas Claude Thiriot*** hatte mir geholfen, einen Briefwechsel mit Rollin zu entwickeln.

Donnerstag, 15. September 2011 *Vor 255 Jahren anno 1756* weilte ich in Sachsen im Hauptquartier in **Großsedlitz**.

Freitag, 16. September 2011 *Vor 255 Jahren anno 1756* ward dies ein Donnerstag. Ich befand mich in meinem sächsischen Hauptquartier **in Großsedlitz** und fürchtete, nun wohl baldigst den Weg nach Böhmen antreten zu müssen.

Sonnabend, 17. September 2011 *Vor 270 Jahren anno 1741* ward dies ein Sonntag. Ich verharrte **in Riemertsheide** in Oberschlesien im Soldatenquartier. Mein Freund ***Francesco Algarotti*** hatte sich aufgemacht, um mich im Feldlager zu besuchen.

Sonntag, 18. September 2011 *Vor 275 Jahren anno 1736* ward dies ein Dienstag. Ich residierte in meinem neuen Lustschloss **in Rheinsberg**, wo ich die nächste Zeit verweilen konnte.

Montag, 19. September 2011 *Vor 270 Jahren anno 1741* ward dies ein Dienstag. Ich kampierte im Soldatenlager **in Neudorf bei Neisse**. Von dort aus unternahm ich immer wieder Ausritte zu Erkundungszwecken, denn es war mich wichtig, selber die militärische Lage auszukundschaften. Doch an diesem Tag wäre das fast schief gegangen. Aus einem Busch wurde ich von Österreichern beschossen. Der mich begleitende Markgraf ***Karl Friedrich Albrecht*** *von Brandenburg-Schwedt* wurde durch die Schüsse aus dem Hinterhalt leicht verwundet.

Dienstag, 20. September 2011 *Vor 250 Jahren anno 1761* ward dies ein Sonntag. Ich saß noch immer im kleinen Bauernhaus **in Bunzelwitz**.

Mittwoch, 21. September 2011 *Vor 270 Jahren anno 1741* ward dies ein Donnerstag. Ich befand mich im Soldatenlager **in Neudorf bei Neisse** und ließ heute und auch morgen die Kavallerie vor mir manövrieren.

Donnerstag, 22. September 2011 *Vor 275 Jahren anno 1736* ward dies ein Sonnabend. Ich genoss die Zeit **in Rheinsberg** in meinem kronprinzlichen Refugium.

Freitag, 23. September 2011 *Vor 275 Jahren anno 1736* ward dies ein Sonntag, den ich glücklicherweise **in Rheinsberg** verbringen konnte.

Sonnabend, 24. September 2011 *Vor 270 Jahren anno 1741* ward dies ein Sonntag. Ich stand im Soldatenlager **bei Riemertsheide** an der Neiße in Schlesien.

Sonntag, 25. September 2011 Vor 270 Jahren anno 1741 ward dies ein Montag. Dies war mein letzter Tag im Soldatenlager bei **Riemertsheide**, morgen setzte ich über die Glatzer Neisse und ging von Wäldern umgeben ins Lager bei **Roßdorf**.

Montag, 26. September 2011 *Vor 255 Jahren anno 1756* ward dies ein Sonnabend. Mein Quartier im Bauernhäuschen von Bunzelwitz hatte ich verlassen und begab mich nach **Pilzen** unweit von Schweidnitz.

Dienstag, 27. September 2011 *Vor 255 Jahren anno 1756* ward dies ein Montag. Dero einst befand ich mich in der sächsischen Schweiz im Osterzgebirge, im Tale der Seidewitz. Von Großsedlitz aus ritt ich an diesem Tag **nach Zehista** bei Pirna. Hier wohnte ich im Schloss des Oberstallmeisters Graf J. A. von ***Brühl***, eines Bruders des berüchtigten sächsischen Kanzlers Heinrich Graf von Brühl.

Mittwoch, 28. September 2011 *Vor 270 Jahren anno 1741* ward dies ein Donnerstag. Ich verlegte heute für fünf Tage mein Soldatenlager östlich von Bielitz **nach Kaltecke** bei Lamsdorf in Oberschlesien.

Donnerstag, 29. September 2011 *Vor 250 Jahren anno 1761* ward dies ein Dienstag. Ich ging heute in Richtung Meißen und nahm **in Großenhain** für zwei Tage Quartier.

Freitag, 30. September 2011 *Vor 275 Jahren anno 1736* ward dies ein Sonntag. Heute und auch die nächsten Tage verblieb ich in meinem Lustschloss **in Rheinsberg**.

Der Oktober
- lateinisch Octobris und altdeutsch Weinmond

Das Sternzeichen der Waage dominierte den Oktober bereits zu meiner Zeit. Die letzte Woche des Monats bestimmte der Skorpion als Tierkreiszeichen. Der Waage-Mensch galt als ausgewogen und schönheitsliebend, verbunden mit dem Streben nach einer harmonischen Partnerschaft. Ein ausgeprägter Gerechtigkeitssinn zeichnete den Menschen im Zeichen der Waage aus. Waagemenschen standen im Ruf, sehr kontaktfreudig zu sein und wurden vielfach als geborenen Diplomaten gerühmt. Für die alten Griechen stand die Waage in Verbindung mit Mochis, der Maße und Gewichte erfand. Als besonders vertrauenswürdig wurden Waage-Menschen bezeichnet, die mit der Fähigkeit ausgestattet waren, das Geld anderer Leute treu zu verwalten. Der im Zeichen des Skorpions geborene Mensch wurde als leidenschaftlich und stark mystisch veranlagt bezeichnet, verbunden mit einer ausgeprägten Fähigkeit zur Intuition. Der Skorpion ließ sich vom einmal eingeschlagenen Weg nur selten abbringen.

In diesem Monat setzte sich in Preußen der Herbst mehr oder weniger durch. Es gab noch vereinzelt schöne Tage um die 20 Grad, doch sanken in der Nacht die Temperaturen mehrfach unter den Gefrierpunkt. Anfang des Monats regnete es oft und frische Winde kamen auf. Mitte des Monats gab es zumeist nochmals eine Schönwetterperiode und gegen Ende des Monats konnte es dann vielerorts kalt und ungemütlich werden. Die Oktobernächte waren klarer und länger und der Himmel erschien dunkler, weil die Sonne tiefer unter den Horizont tauchte, als im Sommer.

Die Bauern orakelten über diesen Monat: „Oktober rau, Januar flau“ oder auch: „Oktober warm und fein, kommt ein scharfer Winter drein, ist er aber nass und kühl, mild der Winter werden will.“ Ein weiterer Bauernspruch lautete: „Bringt der Oktober viel Regen, ist's für die Felder ein Segen“, oder: „Hilft der Oktober nicht mit Sonne, hat der Winzer keine Wonne“ und „Sonnenschein schüttet Zucker in den Wein“. Viele Sprüche reihten sich ein: „Oktoberschnee tut Menschen und Tieren weh.“ Deshalb sagte man: „Zu Ursula am 21. Oktober bringt das Kraut herein, sonst schneit Simon am 28. Oktober noch herein.“

Auf Auslandsbesuch in Schloss Mirow

Oktober-Geschichte:

Auf Reisen, 25. Oktober anno 1736 vor 275 Jahren:

Auf Besuch bei den Mirokesen

Ich weilte als Kronprinz auf Auslandsbesuch auf Schloss Mirow, nördlich von Rheinsberg unweit der preußisch-mecklenburgischen Landesgrenze. Schloss Mirow lag auf einer wunderschönen Insel und war einstmals die Sommerresidenz der Herzöge von Mecklenburg-Strelitz. Von Rheinsberg konnte ich Schloss Mirow leicht erreichen. Das Wasserschloss befand sich nahe dem Müritzsee. Als ich dort unverhofft auftauchte, da wunderte ich mich über die lasche Kontrolle am Torhaus.

Der Aufenthalt in Mirow vermittelte mir viel Vergnügen. Ich lud den Prinzen von Mirow und seine Gattin ein, nach Rheinsberg zu kommen. Der Besuch bei mir im Schloss wurde für den kommenden Monat vereinbart. Am 9. November erschien Herzog Carl Ludwig Friedrich von Mecklenburg-Strelitz dann zum Gegenbesuch bei mir in Rheinsberg. Der Prinz von Mirow erklärte, er wolle demnächst öfters kommen. Gut eine Woche später reiste er mit großem Gefolge erneut bei uns in Rheinsberg an. So wie ich in Rheinsberg, so versammelte Carl Ludwig Friedrich in Mirow viele Geistesgrößen um sich herum und sorgte für einen beachtenswerten Aufschwung im kleinen Städtchen Mirow.

Carl Ludwig Friedrich und seine mecklenburgische Sippschaft bezeichnete ich als „Mirokesen“, weil sie auf Schloss Mirow wohnten. Mein Vater meinte, diese Leute wären von einer „etwas incommoden Höflichkeit“ geprägt und auch ich empfing die Mirokesen nicht immer mit ausgesprochener Freude. Aber es entwickelte sich ein regelmäßiges Hin und Her zwischen unseren beiden Lustschlössern in Rheinsberg und Mirow. So begriff ich sie als ein Geschenk für uns und unseren kronprinzlichen Alltag.

Bei seinem zweiten Besuch bei mir in Rheinsberg waren der Herzog Carl und seine Gattin Elisabeth Albertine in Begleitung ihrer Verwandtschaft angereist. Eine Amme befand sich auch dabei, ohne sie wäre die ganze Hofgesellschaft zu Hause geblieben. Der Prinz und seine Frau hatten letztes Jahr nicht nur geheiratet, sondern auch gleichsam ein Mädchen geboren. Sie bekamen noch neun weitere Kinder, darunter Sophie Charlotte, die spätere Königin von England. Bei der Verheiratung sollte ein Beschwerdebrief Berühmtheit erlangen, den mir die junge Prinzessin über das ungebührliche Verhalten der preußischen Soldaten während des Siebenjährigen Krieges in Mecklenburg schrieb. Durch diesen Brief erregte sie die Aufmerksamkeit des britischen Königs Georg III. Sein Großvater Georg II. war der Bruder meiner Mutter Sophie Dorothea. Der englische Gesandte übermittelte ihr im Auftrag des Königs den Heiratsantrag. Am 17. August anno 1761 reiste sie über Hannover nach Stade, wo sie an Bord der königlichen Yacht ging. Bereits auf der Überfahrt übte sie auf ihrem Cembalo die Hymne „God save the king“. Alle anderen Reisebegleiter litten unter der Seekrankheit, doch sie musizierte munter weiter. Am 8. September erreichte sie den Palast von St. James. Erstmalig sah sie ihren Bräutigam. Noch am selben Tag fand gegen Abend in der königlichen Kapelle die Trauung statt. Vierzehn Tage später wurde die damals 17-jähre Sophie Charlotte zusammen mit ihrem Mann feierlich gekrönt.

Sonnabend, 1. Oktober 2011 *Vor 255 Jahren anno 1756* ward dies ein Freitag. Nach meiner Invasion Sachsens waren die Truppen Österreichs unter dem Kommando des Reichsgrafen ***Maximilian Ulysses von Browne*** angetreten, um den mit Ihnen verbündeten Sachsen aus der Patsche zu helfen. Ich hatte bei Pirna die sächsischen Truppen eingeschlossen, es gelang ihnen nicht mehr, sich nach Böhmen durchzuschlagen. Nun versuchten die Österreicher vergeblich, die Niederlage ihrer sächsischen Verbündeten abzuwenden. Sie wollten die Sachsen aus meiner Umklammerung befreien. Diese Bestrebungen konnte ich vereiteln. An diesem Tag war die entscheidende **Schlacht bei Lobositz**. Bei Sonnenaufgang erfuhr ich vom Vormarsch der Österreicher. Ich kannte nicht ihre Stärke, denn die Landschaft war im dichten Nebel eingehüllt. So zog ich dem Feind entgegen, ohne zu wissen, daß der Feind mir an Truppenstärke überlegen ward. Meine Reiterei wurde bitter geschlagen und ich zog mich schon vom Schlachtfeld zurück, da erstürmte meine Infanterie die österreichische Vorhut bei Lobositz und General Browne trat den Rückzug an. So konnte ich die schon verloren geglaubte Schlacht in einen Sieg verwandeln, obwohl beide Seiten etwa dreitausend Tote zu beklagen hatten. Mein Gegner, General Browne wollte sich nun mit dem Rest seiner Armee am vereinbarten Ort am 11. Oktober bei Mitteldorf mit der sächsischen Armee vereinen, doch scheiterte die verabredete Verbrüderung und die Sachsen kapitulierten.

Sonntag, 2. Oktober 2011 Heute ist Erntedankfest. *Vor 275 Jahren anno 1736* ward dies ein Dienstag und ich genoss die Zeit in Rheinsberg.

Montag, 3. Oktober 2011 Heute ist der Tag der Deutschen Einheit. *Vor 250 Jahren anno 1761* ward dies ein Sonnabend. Nunmehro erreichte mich in meinem Soldatenlager in Groß-Nossen die betrübliche Nachricht von der Eroberung von Schweidnitz durch den österreichischen General Laudon.

Dienstag, 4. Oktober 2011 *Vor 250 Jahren anno 1761* ward dies ein Sonntag. Mein Lager bei meinen Soldaten hatte ich nunmehro in Niederschlesien **in Groß-Nossen** genommen. Morgen ging es weiter nach Schönbrunn.

Mittwoch, 5. Oktober 2011 *Vor 250 Jahren anno 1761* ward dies ein Montag. Jetzo befand ich mich **in Schönbrunn** in Niederschlesien. Im Gutshaus des Barons ***Warkotsch*** habe ich schon im August gewohnt, doch es sollte sich herausstellen, dass er ein Verräter war und ich um Haaresbreite einer Gefangennahme durch feindliche Truppen entrann. Im fernen London wurde Premierminister ***William Pitt*** entlassen. Er zählte zu meinen engsten Verbündeten. Die Zeichen standen zunehmend schlecht, im dritten Krieg um Schlesien, der allerdings eigentlich ein Weltkrieg war, denn er tobte nicht nur um Schlesien. Frankreich und England fochten rund um den Erdball miteinander. Es ging um mehr, um Kolonialmacht in der neuen Welt, um Amerika und die Kolonien in Ost-Asien.

Donnerstag, 6. Oktober 2011 *Vor 250 Jahren anno 1761* ward dies ein Dienstag. Von Feinden umgeben bezog ich nunmehr mein Hauptquartier in **Woiselwitz bei Strehlen**.

Freitag, 7. Oktober 2011 *Vor 275 Jahren anno 1736* ward dies ein Sonntag. Heute hielt ich mich teilweise **in Ruppin und teilweise in Rheinsberg** auf.

Sonnabend, 8. Oktober 2011 *Vor 275 Jahren anno 1736* ward dies ein Montag, an dem ich **in Rheinsberg** sein konnte.

Sonntag, 9. Oktober 2011 *Vor 270 Jahren anno 1741* ward dies ein Montag. Österreich zeigte sich gegenüber Preußen kriegsmüde. So konnte anno dazumal die **Klein Schnellendorfer Konvention** unterzeichnet werden, wonach alle Kampfhandlungen einzustellen waren. Erstmalig gestand mir Maria Theresia in einem Geheimvertrag meine Rechte auf Schlesien zu. Bevollmächtigt zum Vertragsabschluss war von österreichischer Seite Feldmarschall ***Wilhelm Reinhard von Neipperg***. Ich hatte mich kurzzeitig von meinem Hauptquartier in **Friedland** nach **Klein Schnellendorf** ins dortige Schloss begeben. Am Friedensschluss ward mein Sonderbotschafter Graf ***Samuel von Schmettau*** beteiligt. Der Feldmarschall war erst kurz zuvor von österreichischen in preußische Dienste übergetreten. Er gehörte einem begüterten evangelischen Adelsgeschlecht an, was ursprünglich in Ungarn ansässig ward. Aus taktischen Erwägungen heraus gingen die Österreicher auf meine Vorschläge ein und schlossen den geheimen Vertrag von Klein Schnellendorf. Die Österreicher räumten Schlesien, worauf auch ich meine Kampfhandlungen gegen Maria Theresias Truppen einstellte. Doch Österreich wendete sich nun verstärkt gegen Preußens Verbündete, gegen die französisch-bayrischen Truppen und ich sah mich leider binnen Kürze wieder gezwungen, einzugreifen.

Montag, 10. Oktober 2011 *Vor 255 Jahren anno 1756* ward dies ein Sonntag. Ich verharrte seit über einer Woche in meinem Hauptquartier im kleinen böhmischen Städtchen **Lobositz**. Am Mittwoch zog ich dann weiter.

Dienstag, 11. Oktober 2011 *Vor 255 Jahren anno 1756* ward dies ein Montag. Der englische Gesandte Lord ***Mitchell*** reiste heute zu mir ins Soldatenquartier nach **Lobositz** in Böhmen.

Mittwoch, 12. Oktober 2011 *Vor 270 Jahren anno 1741* ward dies ein Donnerstag. Ich befand mich in meinem Feldlager in Schlesien **bei Fiedland**, allerdings werde ich morgigen Tags mein Lager in **Simsdorf** aufschlagen.

Donnerstag, 13. Oktober 2011 *Vor 275 Jahren anno 1736* ward dies ein Sonnabend. Ich verbrachte diesen Tag *in* **Rheinsberg** in meinem kleinen Lustschloss. Zehn Jahre zuvor anno 1726 hatte mein Vater mit dem österreichischen Kaiser Karl VI. den durch den österreichischen Spion Grumbkow ausgehandelten **Geheimvertrag von Wusterhausen** geschossen, der allerdings nicht ratifiziert wurde und keine dauerhafte Partnerschaft zwischen Preußen und Österreich begründen konnte.

Freitag, 14. Oktober 2011 *Vor 255 Jahren anno 1756* ward dies ein Donnerstag. Ich erreichte von **Arbesau** kommend den Ort **Struppen** unweit von Pirna, wo ich für fünf Tage mein Soldatenlager nahm. Hier befand sich ein altes Rittergut, was in grauer Vorzeit mal ein Kloster gewesen sein soll. In der kleinen Gutsanlage schlug ich nun mein Hauptquartier auf.

Sonnabend, 15. Oktober 2011 *Vor 270 Jahren anno 1741* ward dies ein Sonntag. Ich nahm Quartier in der Gegend von **Zülz** nordöstlich von Neustadt in Oberschlesien und besichtigte dort die feindlichen Vorposten.

Sonntag, 16. Oktober 2011 *Vor 255 Jahren anno 1756* ward dies ein Sonnabend. An diesem denkwürdigen Tag kapitulierten die sächsischen Truppen. Ich stand **in Struppen**, wo die Sachsen sich durch Abmarsch nach Böhmen der preußischen Einschließung entziehen wollten. Nunmehro wurde die **Kapitulation der sächsischen Armee** unterzeichnet. Östlich von Pirna, am **Lilienstein**, ging die sächsische Armee in preußische Gefangenschaft. Ein Großteil der Truppen ließ sich aber schon bald in die preußische Armee eingliedern. Daran konnte auch Österreich nichts mehr ändern.

Montag, 17. Oktober 2011 *Vor 275*

Jahren anno 1736 ward dies ein Mittwoch. Ich residierte glücklich und zufrieden **in Rheinsberg**, wo ich auch die nächste Zeit verbringen konnte.

Dienstag, 18. Oktober 2011 *Vor 270 Jahren anno 1741* ward dies ein Mittwoch. Ich lagerte **in Lindewiese** für zwei Tage, nahe den Gebirgskämmen der Reichensteiner Berge und des Altvatergebirges.

Mittwoch, 19. Oktober 2011 *Vor 255 Jahren anno 1756* ward dies ein Dienstag. Ich lagerte noch im östlichen Erzgebirge **in Struppen**, aber bald brach ich nach Peterswald auf, wo ich die morgige Nacht verbrachte.

Donnerstag, 20. Oktober 2011 *Vor 255 Jahren anno 1756* ward dies ein Mittwoch. Ich hielt mich heute in der böhmischen Ortschaft **Peterswald** im östlichen Erzgebirge auf,.

Freitag, 21. Oktober 2011 *Vor 255 Jahren anno 1756* ward dies ein Donnerstag. Von Peterswald kommend begab ich mich heute für die nächsten vier Tage nach **Hlinay**, gelegen im nördlichen Böhmen bei Leitmeritz.

Sonnabend, 22. Oktober 2011 *Vor 275 Jahren anno 1736* ward dies ein Montag, den ich **in Rheinsberg** verbrachte.

Sonntag, 23. Oktober 2011 *Vor 275 Jahren anno 1736* ward dies ein Dienstag. Meinen Dienst als Kronprinz nahm ich nunmehr weitestgehend von meinem Lustschloss **in Rheinsberg** aus wahr, wo ich mich heutigen Tags befand.

Montag, 24. Oktober 2011 *Vor 255 Jahren anno 1756* ward dies ein Sonntag, den ich in der nordböhmischen Ortschaft **Hlinay** verbrachte.

Dienstag, 25. Oktober 2011 *Vor 275 Jahren anno 1736* ward dies ein Donnerstag. Heute weilte ich besuchsweise auf der Schlossinsel **in Mirow**, dem wunderschönen Sommersitz der Herzöge von Mecklenburg-Strelitz.

Mittwoch, 26. Oktober 2011 *Vor 275 Jahren anno 1736* ward dies ein Freitag. Aus Mirow zurückgekehrt residierte ich wieder in meinem eigenen Schloss **Rheinsberg**.

Donnerstag, 27. Oktober 2011 *Vor 255 Jahren anno 1756* ward dies ein Mittwoch. Heute nahm ich nahe Silberberg Quartier **in Schönwalde** in Niederschlesien.

Freitag, 28. Oktober 2011 *Vor 255 Jahren anno 1756* ward dies ein Donnerstag. Diesen Tags erreichte ich **Großsedlitz**, wo ich bereits im letzten Monat mein Hauptquartier eingerichtet hatte. Ich verharrte hier über zwei Wochen. Erst Mitte November wechselte ich ins Stadtquartier nach Dresden.

Sonnabend, 29. Oktober 2011 *Vor 275 Jahren anno 1736* ward dies ein Montag. Die Woche nahm seinen gewohnten Lauf. Ich genoss diese Zeit sehr und verweilte gerne **in Rheinsberg**.

Sonntag, 30. Oktober 2011 *Vor 255 Jahren anno 1756* ward dies ein Sonnabend. Ich hielt Quartier im sächsischen **Großsedlitz**.

Montag, 31. Oktober 2011 **(vor 275 Jahren)** *Vor 275 Jahren anno 1736* ward dies ein Mittwoch. Der österreichische Spion Graf ***Seckendorff*** vermerkte über diesen Tag, mein Freund ***Heinrich August de la Motte-Fouqué*** wäre abgereist, nachdem er seit einigen Wochen sich in meiner unmittelbaren Umgebung in Rheinsberg aufgehalten hatte. Ich blieb **in Rheinsberg** auch noch die ganze nächste Zeit im November. In meiner wunderschönen kleinen Residenz entfaltete ich mein Hofleben, wobei das Schloss sich nach der Renovierung nicht nur als Sommersitz eignete, sondern es ließ sich auch noch im November darin gut leben. Erst im Dezember machte ich mich auf den Weg nach Berlin.

Der November
- lateinisch Novembris und altdeutsch Windmond

Um diese Jahreszeit ging mein Vater immer in und um Wusterhausen auf Jagdgesellschaften. Ich mochte zeitlebens derart grausame Veranstaltungen nicht und hielt mich vom Jagdtreiben fern.

Das Wetter deutete im November vielfach auf den Winter hin. Er war in preußischen Landen zumeist kühl und vielfach mit dem ersten Schneefall verbunden. Die Herbststürme nahmen zu und Nebel verdunkelten den Morgen und machten manchen Tag zur Nacht. Sehr feuchte Luft setzte Mensch und Tier gesundheitlichen Risiken aus und am Monatsende wollten Frost, Regen und Schnee kaum weichen. Zum Martinstag am 11. November reimten die Bauern: Ist der Martinstag hell, kommt der Winter schnell. Oder: Gleitet die Gans zu Martini auf dem Eise aus, kann sie um Weihnachten ins Wasser tauchen. Ein anderer Spruch lautete: Bringt Sankt Martin Sonnenschein, so tritt ein kalter Winter ein.

Die Tierkreiszeichen Skorpion und Schütze bestimmten den November, wobei der Skorpion den Monat dominierte. Erst die letzte Novemberwoche stand immer im Zeichen des Schützen. Dem unter dem Skorpion Geborenen sagte man nach, er würde zur Mystik neigen. In komplizierter Lage galt er als erfinderisch und zumeist verließ er sich auf seine Intuition. Gleichsam symbolisierte er den männlichen und weiblichen Schöpfungsmythos. Der Stachel stand für den Sündenfall. Die altgriechische Göttin Hera habe der Sage nach den Skorpion ausgesandt, um den Jäger Orion zu stechen. Orion behauptete großmaulig, er könnte jedes Tier töten. Daraufhin soll Gott Zeus das Tier mit dem Giftstachel am Himmel angebracht haben. Der Schütze galt als fest verankert in der menschlichen Gesellschaft. Er schätzte seine Unabhängigkeit und individuelle Freiheit. Der Schütze hatte den Ruf, ehrlich und betont optimistisch zu sein, allerdings mit einem Hang zum Idealismus.

Türken und Tataren als Bündnispartner

November-Geschichte:

Auf Reisen, 15. November anno 1761 vor 250 Jahren:

Ein Traum vom Bündnis mit Türken und Tataren

Das Wasser stand mir bis zum Halse. Ich musste mich gegen eine Übermacht aus Österreichern, Russen und Franzosen erwehren. Nun drohte mir gar noch England, mein einziger Verbündeter, verlustig zu geraten. Selbst Schweden, wo meine Schwester Ulrike als Königin residierte, verbündete sich gegen mich. Bedrohlich vereinte sich die russische und österreichische Armee bei Hochkirch zu einer Heeresmacht von 142 000 Mann. Daraufhin verschanzten sich meine Truppen so gut sie nur konnten. Doch trotz aller Widrigkeiten zeigten sich Lichtblicke. Wegen Versorgungsschwierigkeiten und Streitigkeiten mit ihrem Verbündeten verließen die Russen Schlesien und begaben sich in ihre Winterquartiere.

Da bekam ich plötzlich in meinem niederschlesischen Soldatenquartier in Woiselwitz bei Strehlen hohen Besuch vom tatarischen Gesandten Mustapha Aga und meine Zuversicht auf einen Frieden stieg schlagartig. Gleichsam liefen Verhandlungen mit den Türken. Die Bündnisaussichten mit Türken und Tataren waren in dieser Notzeit das einzige Barometer der preußischen Politik. In meiner trübseligen Lage klammerte ich mich an diesen Strohhalm. Meinem Kabinettsminister Finckenstein schrieb ich: Ob die Engländer uns unterstützen oder uns verlassen, es erscheint mir im gegenwärtigen Augenblick gleichgültig, nicht aber ob die Türken neutral bleiben oder handeln. Mit einem Wort, ich fürchte, wir sind verloren, ohne ihren Beistand. Mit türkischer und tatarischer Hilfe werden wir uns nicht bloß wieder aufrichten, sondern vielleicht sogar Balsam für so viele schmerzliche Wunden finden. Kommen Türken und Tataren nicht, so sind wir mit unserer Tapferkeit am Ende und nicht mehr Kampf, sondern Verhandlung mit schlechten Friedensaussichten wird die Devise sein. Im bevorstehenden Winter wird sich zeigen, ob Türken und Tataren ins Feld rücken. Doch es kam alles völlig anders, als ich dachte.

Die zu mir ins Feldlager gereiste exotisch anmutende Gesandtschaft der Krimtataren bestand aus 78 Mann. Ihre Ankunft erfüllte mich mit kühnsten Hoffnungen. Im Treck von der Krim war diese Delegation nach Preußen gezogen. Die Krim unterstand damals unter Wahrung gewisser Autonomierechte dem Osmanischen Reich. Die Krim-Tataren galten als gefürchtete Krieger. Mit ihren Raubzügen fielen sie in die Ukraine und ins russische Reich ein, teilweise drangen sie sogar bis Moskau vor. Ich hatte bereits Ende September eine Delegation unter Leitung des Holländers Karl Adolf Boscamp auf die Krim geschickt, um ein Bündnis zu schmieden.

Über meinen geheimen Kommerzienrat Karl Adolf von Rexin erfolgten Verhandlungen mit der hohen Pforte in Konstantinopel. Für die Verbesserung der Beziehungen zur Türkei bewilligte ich über eine Million Reichstaler. Ich hatte meinen Flügeladjutanten Gottfried Fabian Haude unter den Namen Rexin als Unterhändler ins Osmanische Reich geschickt. Er brachte am 2. April anno 1761 zwar einen Freundschafts- und Handelsvertrag mit den Muselmanen zustande, aber aus dem Militärbündnis wurde nichts. Das viele Geld, was ich auf die türkische Karte setzte, war in dieser Hinsicht leider unnütz weggeworfenes Geld, ein sich als trügerisch erwiesener Hoffnungsstrahl.

Mustapha Aga war mit seiner Expedition in Bachtschisaraj im Oktober nach Preußen aufgebrochen. Er versprach mir Hilfstruppen der Tataren gegen Russland. Der große Chan der europäischen Tataren Krym I. Girai wollte mir im Frühjahr 60 bis 80 Tausend Soldaten schicken. Leider reduzierte sich das Versprechen im Laufe der nächsten Monate auf 40 Tausend Mann. Eine zweite Delegation traf im Dezember in Breslau ein und ein gewisser Pascha Jakob bot mir erneut ein Bündnis im Auftrage des Chans an. Aber urplötzlich verzögerte sich die Rückreise der tatarischen Gesandten, weil Mustapha Aga unerwartet verstarb. Anfang April, als er auf dem Rückweg in seine Heimat war, ereilte ihn in Rosenberg in Oberschlesien der Tod. Ihm zu Ehren wurde dort ein Mausoleum errichtet.

Dienstag, 1. November 2011 Allerheiligen. *Vor 255 Jahren anno 1756* ward dies ein Montag. Seit Donnerstag hielt ich mich in meinem Hauptquartier **in Großsedlitz** auf.

Mittwoch, 2. November 2011 *Vor 275 Jahren anno 1736* ward dies ein Freitag. Ich weilte **in Rheinsberg** und fühlte mich dort sehr wohl.

Donnerstag, 3. November 2011 *Vor 275 Jahren anno 1736* ward dies ein Sonnabend. Gerne verblieb ich übers Wochenende **in Rheinsberg**.

Freitag, 4. November 2011 *Vor 270 Jahren anno 1741* ward dies ein Sonnabend. Ein preußischer Traum erfüllte sich nunmehro. Ich erreichte die Stadt **Breslau** und hielt unter dem Jubel der Bewohner feierlichen Einzug.

Sonnabend, 5. November 2011 *Vor 270 Jahren anno 1741* ist dies ein Sonntag. Ich residierte in der Hauptstadt Schlesiens, **in Breslau**. Dort besuchte ich den Gottesdienst in der **Stiftskirche**.

Sonntag, 6. November 2011 *Vor 275 Jahren anno 1736* fiel dieser Tag auf einen Dienstag. Ich weilte in **Rheinsberg** und wurde dort vom österreichischen Grafen Seckendorff ausspioniert. Er versuchte meinen Alltag auszukundschaften und stellte fest, dass unter meiner Mitwirkung eine „tragedia per musica“ mit dem Namen „Mithridate“ aufgeführt worden sei. Tatsächlich spielten wir im Freundeskreis Theater und jeder von uns übernahm eine Rolle.

Montag, 7. November 2011 *Vor 270 Jahren anno 1741* ward dies ein Dienstag. Ich nahm nunmehro **in Breslau** die **Erbhuldigung** der niederschlesischen Stände entgegen. Von der feierlichen Versammlung im Fürstensaal des Breslauer Rathauses wurde ein sehenswerter Stich von Bodenehr geschaffen, der mich unterm Baldachin thronend vor versammelter Bürgerschaft zeigte.

Zwei Tage, nachdem ich in Breslau den Triumph der Huldigung der Stände erleben durfte, verließ ich Schlesiens Hauptstadt wieder. Am Donnerstag reiste ich in aller Frühe nach Berlin ab.

Dienstag, 8. November 2011 *Vor 275 Jahren anno 1736* ward dies ein Donnerstag. Ich genoss meinen Alltag als Kronerbe **in Rheinsberg**.

Mittwoch, 9. November 2011 *Vor 275 Jahren anno 1736* ward dies ein Freitag. Ich konnte weiterhin **in Rheinsberg** verweilen und erhielt an diesem Tag Besuch von Herzog ***Carl Ludwig Friedrich von Mecklenburg-Mirow***.

Donnerstag, 10. November 2011 *Vor 270 Jahren anno 1741* ward dies ein Freitag. Ich befand mich auf der Rückreise von Breslau nach Berlin. Heute machte ich Zwischenstation **in Glogau**, morgen ging es weiter in Richtung Frankfurt an der Oder.

Freitag, 11. November 2011 *Vor 270 Jahren anno 1741* ward dies ein Sonnabend. Ich eilte von Breslau nach Berlin. Von Glogau aus ging es heute weiter nach **Frankfurt an der Oder** und bald **nach Fürstenwalde** an der Spree.

Sonnabend, 12. November 2011 *Vor 250 Jahren anno 1761* ward dies ein Donnerstag. Ich befand mich in **Woiselwitz bei Strehlen**. Dort wohnte ich im Hause des Bauinspektors ***Bruckkampf***. Dieser Tage übte ich meine Dichtkunst. Ich verfasste hier eine Epistel an meinen Freund **d'Argens**.

Sonntag, 13. November 2011 Volkstrauertag. *Vor 255 Jahren anno 1756* ward dies ein Sonnabend. Nun verließ ich mein Hauptquartier im schönen Großsedlitz und begab mich auf den Weg **nach Dresden**.

Montag, 14. November 2011 *Vor 255 Jahren anno 1756* ward dies ein Sonntag. Ich kam **in Dresden** an, wo ich bis über die nächsten Wochen verblieb. Mein Hauptquartier nahm ich im Gräflich Brühlschen Palais.

Dienstag, 15. November 2011 *Vor 250 Jahren anno 1761* ward dies ein Sonntag. Der tatarische Gesandte ***Mustapha Aga*** besuchte mich damals in meinem niederschlesischen Soldatenlager bei Strehlen **in Woiselwitz** und blieb bis Ende des Monats in meiner Gesellschaft.

Mittwoch, 16. November 2011 *Vor 255 Jahren anno 1756* ward dies ein Dienstag, den ich **in Dresden** verbrachte. An diesem Tag wurde ***William Pitt*** der Ältere in London zum ersten Außenstaatssekretär ernannt und er stieg gar bald bis zum Amt des Premierministers auf. Er zählte erwiesenermaßen zu den Freunden Preußens.

Donnerstag, 17. November 2011 *Vor 275 Jahren anno 1736* ward dies ein Sonnabend. Wir hatten Ausländer aus dem benachbarten Mecklenburg bei uns **in Rheinsberg** zu Besuch. ***Carl Ludwig Friedrich von Mecklenburg-Mirow*** war mit großem Gefolge angereist.

Freitag, 18. November 2011 *Vor 275 Jahren anno 1736* ward dies ein Sonntag. Ich residierte **in Rheinsberg**.

Sonnabend, 19. November 2011 *Vor 250 Jahren anno 1761* ward dies ein Donnerstag. Ich hielt mich auf im Soldatenquartier in **Woiselwitz** bei Strehlen, wo ich im Hause des Bauinspektors Bruckkampf Quartier fand. Dieser Tage weilte bei mir ***Mustapha Aga***, der aber schon bald nach Baktschiseray zurückreiste. Deshalb begleitete ihn Leutnant ***von der Goltz*** auf der Reise ins ferne Land, um dem Chan der Krimtataren meine Freundschaft zu bekunden. Die beiden reisten samt Gefolge zuerst nach Breslau.

Sonntag, 20. November 2011 *Vor 255 Jahren anno 1756* ward dies ein

Sonnabend, an dem ich im Winterquartier **in Dresden** weilte.

Montag, 21. November 2011 *Vor 255 Jahren anno 1756* ward dies ein Sonntag. Ich residierte **in Dresden** und besuchte heute die evangelische **Kreuzkirche**. Dort hörte ich die Predigt des Superintendenten, der am Ende auf den Zinsgroschen zu sprechen kam.

Dienstag, 22. November 2011 *Vor 255 Jahren anno 1756* ward dies ein Montag. Ich befand mich seit über einer Woche **in Dresden**. Ich ging heute in die katholische Kirche zum **Cäcilienfest**.

Mittwoch, 23. November 2011 *Vor 255 Jahren anno 1756* ward dies ein Dienstag. Von Dresden aus machte ich heute einen Abstecher **nach Leipzig** und hielt in Freiberg Zwischenstation.

Donnerstag, 24. November 2011 *Vor 255 Jahren anno 1756* ward dies ein Mittwoch. Von Leipzig aus ging ich nach Dresden zurück, machte aber in **Lützen** Station, wo der legendäre Schwedenkönig Gustav II. Adolf im Dreißigjährigen Krieg sein Leben ließ.

Freitag, 25. November 2011 *Vor 275 Jahren anno 1736* ward dies ein Sonntag. Ich weilte seit Wochen **in Rheinsberg**, wo ich mich dem Rokoko-Stil der Zeit entsprechend gut eingerichtet hatte.

Sonnabend, 26. November 2011 *Vor 255 Jahren anno 1756* ward dies ein Freitag. Ich verharrte im Winterquartier **in Dresden**.

Sonntag, 27. November 2011 *Vor 275 Jahren anno 1736* ward dies ein Dienstag. Ich weilte **in Rheinsberg**.

Montag, 28. November 2011 *Vor 255 Jahren anno 1756* ward dies ein Sonntag. Ich residierte **in Dresden** und ging an diesem Tag in die evangelische **Frauenkirche** und hörte die Predigt des Feldpropstes ***Decker***.

Dienstag, 29. November 2011 *Vor 275 Jahren anno 1736* ward dies ein Donnerstag. Ich verweilte **in Rheinsberg**.

Mittwoch, 30. November 2011 *Vor 255 Jahren anno 1756* ward dies ein Dienstag. Ich hielt mich weiterhin auf im Winterquartier **in Dresden**.

Der Dezember
- lateinisch Decembris und altdeutsch Julmond

Anfang Dezember weilte ich zumeist in Potsdam, aber hernach zog es mich in jungen Jahren oft zu den Karnevalsfeiern nach Berlin, denn diese begannen anno dazumal bereits Mitte Dezember. Wenn ich nicht im Schloss in Potsdam oder Berlin weilte, so befand ich mich oftmals auf Reisen mit meinen Soldaten und verharrte an verschiedenen Orten im Winterquartier. Vielfach stieg Nebel auf und das Wetter verregnete oftmals den Tag. Die Sonne zeigte sich wenig und über die Hälfte des Monats war vom Frost gekennzeichnet. Trübes und niederschlagsreiches Wetter machten manchen Dezember die Landstraßen unpassierbar.

Bereits zu meiner Zeit galten als Tierkreiszeichen des Dezembers Schütze und Steinbock. Der Schütze war das am weitesten entwickelte Feuerzeichen des Tierkreises und symbolisierte die mittleren Jahre im Lebenszyklus. Er stand im Ruf, eine ehrliche Haut zu sein, doch stieß sein Idealismus oftmals an harte Grenzen. In vielen meiner Skulpturen wurde der Schütze als Satyr dargestellt, halb Mensch, halb Tier. Dabei wurde ein dreiköpfiger Pfeil gezeigt, der das spirituelle Streben versinnbildlichte. Der Steinbock-Mensch stand für Beständigkeit und zeichnete sich durch Fleiß aus. Erfolg und Aufstieg waren ihm wichtig, doch seine Sparsamkeit schlug gelegentlich in Geiz um und seine sprichwörtliche Disziplin konnte manchmal in übertriebene Strenge ausarten.

Die Bauern reimten über diesen Monat: Grüne Weihnachten, weiße Ostern. Ein anderer Spruch lautete: Wind in Silvester zur Nacht, hat nie Wein und Korn gebracht. Im Dezember schossen bereits viele Knospen an den Bäumen empor, darunter Birke und Erle sowie die Rosskastanie. In Schlössern und Häusern wurde die immergrüne heimische Mistel aufgehangen. Sie galt als Friedens- und Glückssymbol. Die Zweige sollten die bösen Wintergeister vertreiben. Um zu Weihnachten blühende Zweige zu haben, schnitten wir drei Wochen zuvor von Forsythiensträuchen oder Obstbäumen einige Zweige ab und stellten sie in eine Vase ins warme Zimmer. Die Zweige wurden von Zeit zu Zeit mit angewärmtem Wasser besprüht und pünktlich zur Weihnachtszeit blühten die Zweige auf.

Der Preußenkönig zu Besuch in der Dresdner Kreuz-Kirche

Dezember-Geschichte:

Auf Reisen, 26. Dezember 1756 vor 255 Jahren:

Zum Weihnachtsgottesdienst in der Kreuz-Kirche in Dresden

Dieses Jahr beging ich das Weihnachtsfest fern der Heimat in Dresden. Leider war es kein Friedensjahr, was sich dem Ende zuneigte. Doch die raue Winterzeit ließ die Waffen ruhen. Äußerlich gab ich mich gelassen, auch wenn die Zahl meiner Feinde ins Unermessliche angewachsen schien. Hier zu Dresden durfte ich den Künsten, nicht den Waffen huldigen. Mit Hingabe widmete ich mich den schönen Künsten, lauschte den Klängen der Hassischen Musik und sammelte meine Seelenkräfte durch ein eindrucksvolles Kirchenkonzert.

Der 2. Weihnachtsfeiertag war dieses Jahr ein Sonntag und so ging ich in die Kreuzkirche zum Gottesdienst. In der protestantischen Hauptkirche der sächsischen Metropole hörte ich die Predigt. Es ging um den Zinsgroschen, über den Text: „Gebet dem Kaiser, was des Kaisers ist, und Gotte, was Gottes ist." Sie gefiel mir ausgesprochen gut und auf meinen Wunsch hin wurde die Predigt gedruckt verbreitet.

Aus Anlass der Festtage machte ich Geschenke an die Armen, so wie es mein königliches Amt verlangte. Milde Gaben an Bedürftige waren mir sehr wichtig, denn ich übte praktisch die Landeshoheit in Sachsen aus, nachdem die sächsische Arme im Oktober vor mir am Lilienstein kapituliert hatte. Aber wer gibt, der muss auch nehmen. Deshalb setzte ich unbarmherzig die Besoldung der Staatsbeamten herunter. Besonders traf es Jesuitenpater Guarini, den Beichtvater der Königin. Sein Winseln nutzte nichts, ich verringerte sein unangemessenes Gehalt von 12.000 auf 2.000 Taler. Insgesamt konnten auf diese Weise 150.000 Taler eingespart werden.

Anfang Januar reiste ich für ein paar Tage von Dresden nach Berlin, doch um baldigst in die Elbresidenz zurückzukehren. Sechs Jahre sah ich Berlin nicht wieder. Nahezu den gesamten Winter verbrachte ich im herrlichen Elbflorenz. Ich wohnte im Palais Brühl, dem schönsten Rokoko-Palast Dresdens. Von hier aus konnte ich zu dem königlichen Schloss hinübersehen, wo Marie Josefa mit ihrem Sohn und dem französischen Gesandten Graf Broglie residierte. Sie ist Tochter Kaiser Josephs I. und meine erklärte Feindin. Die Erzherzogin von Österreich war durch Heirat Kurfürstin von Sachsen und Königin von Polen geworden. Diese mir feindlich gesinnte Dame schreckte vor nichts zurück, obwohl ich sie sehr schonte. Sie stand im Verdacht, sogar einen Giftanschlag gegen mich initiiert zu haben, den mein Kammerhusar Karl von Glasow ausführte. Diese wahrhaft unglaubliche Geschichte tischte er mir zu seiner Entschuldigung auf. Aber die weiteren Umstände ließen sich nicht aufklären und die Hintermänner oder -frauen blieben leider unerkannt. Ich blieb unversehrt, aber mein armer Hund musste dran glauben. Ich schickte Glasow daraufhin nach Spandau ins Gefängnis, weil er wissentlich mir während meines Dresdenaufenthalts die Tasse Schokolade servierte, in die das Giftelixier gemischt war, an der ich sterben sollte. Stattdessen wurde aber mein armer Hund dahingerafft. Nur weil der kleine Hund, der neben mir am Tische saß, von der vermeintlichen Köstlichkeit aus der Giftküche schleckte.

Trotz der Ruhe des Weihnachtsfestes wurde mir klar, es standen harte Zeiten bevor, der Siebenjährige Krieg hatte seinen Lauf genommen und bot nur eine kurze Verschnaufpause. Noch Weihnachten schrieb ich nach London, an meinen Oheim Georg II., dem Bruder meiner Mutter. Ich versuchte, das Bündnis mit England zu erneuern. Aber es dauerte lange, bis seine Hilfsgelder eintrafen. An Feldmarschall Schwerin schrieb ich: „Ich habe ausgezeichnete Generale, wunderbare Truppen, und läßt der Himmel mir meinen Verstand, so hoffe ich auch meinerseits meine Pflicht zu tun."

Donnerstag, 1. Dezember 2011 Vor 255 Jahren anno 1756 ward dies ein Mittwoch. Ich befand mich **in Dresden** im Winterquartier.

Freitag, 2. Dezember 2011 *Vor 240 Jahren anno 1771* ward dies ein Montag. Von Berlin aus ging ich **nach Oranienburg** zum Empfang meiner Schwester ***Ulrike***. Sie war die verwitwete Königin von Schweden. Mein Bruder ***Heinrich*** war ihr zum Empfang bis Prenzlau entgegen geritten. Unsere Schwester befand sich in Begleitung ihrer Tochter, der Prinzessin ***Sophie Albertine***.

Sonnabend, 3. Dezember 2011 *Vor 255 Jahren anno 1756* ward dies ein Freitag. In **Dresden** in der Neustadt besuchte ich in der katholischen Kirche das „**Xaveriusfest**", was mit Musikaufführungen verschönert wurde. Die kleine Kirche bei der Rittergasse war die Residenz des kaiserlichen Gesandtschaftskaplans Johannes Payerau, der die Kapelle anno 1730 geweiht hatte.

Sonntag, 4. Dezember 2011 *Vor 250 Jahren anno 1761* ward dies ein Freitag. Es erfolgte nunmehro die öffentliche Vorladung des flüchtigen Barons Warkotsch, der mich auf schändliche Weise an die Österreicher verraten hatte und mir beinahe die feindliche Gefangennahme bescherte. Nun wurde er wegen Hochverrats zur Verantwortung gezogen. Ich kampierte derzeit im Lager **in Strehlen** bei meinen Soldaten.

Montag, 5. Dezember 2011 *Vor 255 Jahren anno 1756* ward dies ein Sonntag. Ich besuchte heute **in Dresden** ein Konzert der sächsischen Kapelle, anschließend ging ich in die **Frauenkirche**.

Dienstag, 6. Dezember 2011 *Vor 250 Jahren anno 1762* ward dies ein Sonntag. Ich kampierte bei meinen Soldaten **in Strehlen** und konnte aber endlich kommenden Mittwoch in Breslau sein, wo ich die Weihnachtstage und auch die Jahreswende verbrachte.

Mittwoch, 7. Dezember 2011 *Vor 275 Jahren anno 1736* ward dies ein Freitag. Die letzten Tage übte ich mit meinen Soldaten **in Ruppin** den ungeliebten Dienst im blauen Rock. Wie alljährlich begab ich mich zur

Adventszeit nach Berlin. Am späten Nachmittag reiste ich ab.

Donnerstag, 8. Dezember 2011
Vor 250 Jahren anno 1761 ward dies ein Dienstag. Ich verharrte in Schlesien und verließ aufgrund der schlechten Witterung heute mein Soldatenquartier in Strehlen und ging **nach Breslau**, wo ich die kommenden Festtage beging. Heute schrieb mir **d'Argens** eine nette Anekdote über meinen Soprankastraten ***Porporino***, die sich dieser Tage zugetragen hatte. Mein **Kastratensänger** war von einem Gericht zur Zahlung von 100 Talern verurteilt worden, weil er angeblich ein Mädchen geschwängert haben soll. Sie sei vor Gericht gezogen und habe ihn verklagt. Freudestrahlend habe Porporino, der bürgerlich eigentlich auf Italienisch Antonio Uberti und auf Deutsch Anton Hubert hieß, die vermeintliche Vaterschaft anerkannt. Er nahm das Kind zu sich und dankte ausdrücklich seinen Richtern, weil sie die Güte gehabt hätten, den Schaden an ihm wieder gut zu machen, den er als Jugendlicher unter den Wundärzten zu Venedig erlitten habe. Ganz Berlin lachte darüber, wie ein Kastrat zu wahrhaftiger Vaterschaft gelangen konnte. Porporino ist überglücklich, vor den Augen der ganzen Welt zum Vater des Kindes erklärt worden. Ich freute mich mit ihm über seine Vaterschaft, doch auch ich musste darüber kräftig schmunzeln.

Freitag, 9. Dezember 2011 *Vor 250 Jahren anno 1761* ward dies ein Mittwoch. Heute bezog ich **in Breslau** mein **Winterquartier**, in dem ich die nächsten Monate verblieb.

Sonnabend, 10. Dezember 2011
Vor 255 Jahren anno 1756 ward dies ein Freitag. Ich befand mich im **Winterquartier** in Dresden.

Sonntag, 11. Dezember 2011 *Vor 255 Jahren anno 1756* ward dies ein Sonnabend. Ich weilte **in Dresden** und suchte morgigen Tags meine verwundeten Offiziere auf.

Montag, 12. Dezember 2011 *Vor 250 Jahren anno 1761* ward dies ein Dienstag. In schwieriger politischer und militärischer Lage hielt ich **in Breslau** aus. Nun verlor ich leider auch noch England als Verbündeten. Die englische Regierung meines Freundes ***William Pitt*** wurde gestürzt und der Subsidienvertrag mit Preußen konnte leider nicht mehr verlängert werden. Die notwendigen englischen Hilfsgelder blieben aus.

Dienstag, 13. Dezember 2011 *Vor 255 Jahren anno 1756* ward dies ein Montag. Ich befand mich im Winterquartier **in Dresden**. Aus Paris kam der bisherige preußische Gesandte ***Dodo Heinrich von Knyphausen*** zu mir zur Berichterstattung.

Mittwoch, 14. Dezember 2011 Vor 255 Jahren anno 1756 ward dies ein Dienstag. Ich verharrte in meinem Winterquartier **in Dresden**.

Donnerstag, 15. Dezember 2011
Vor 250 Jahren anno 1761 ward dies ein Dienstag. Heute erhielt ich **in Breslau** Besuch vom Gesandten der Krimtataren. „***Jakub Aga***“ war

bei mir in Breslau. Pascha Jakob versprach mir im Namen seines Herrn, des großen Chan Krym I Girai ein Bündnis gegen Russland. Schon vor einem Monat erreichte mich im Soldatenlager in Woiselwitz bei Strehlen eine 78-köpfige Delegation des großen Chans unter Leitung von Mustapha Aga. Er und nunmehr auch Jakob Aga stellten mir militärische Hilfstruppen in Aussicht.

Freitag, 16. Dezember 2011 *Vor 250 Jahren anno 1761* ward dies ein Mittwoch. Mein Kriegsglück war am Sinken. An diesem Tag nahmen meine Feinde in Hinterpommern Stadt und **Festung Kolberg** ein. Sie fiel in die Hände der Russen. Die Nachricht von der Einnahme Kolbergs erreichte mich erst nach 10 Tagen, da ich **in Breslau** weitestgehend abgeschnitten von meinen Truppen residierte.

Sonnabend, 17. Dezember 2011 *Vor 255 Jahren anno 1756* ward dies ein Freitag. Ich befand mich **in Dresden** im Winterlager.

Sonntag, 18. Dezember 2011 *Vor 255 Jahren anno 1756* ward dies ein Sonnabend. Ich weilte **in Dresden**, wo ich dieses Jahr auch Weihnachten und Silvester feierte.

Montag, 19. Dezember 2011 *Vor 255 Jahren anno 1756* war dies ein Sonntag. Ich weilte **in Dresden** in meinem Winterquartier. Die bevorstehenden Festtage verbrachte ich in Elbflorenz. Den Komponisten und Kapellmeister ***Johann Adolph Hasse*** verehrte ich sehr. Gerne war ich Gast in seinem Dresdener Haus und musizierte mit ihm und seiner Gattin.

Dienstag, 20. Dezember 2011 *Vor 250 Jahren anno 1761* ward dies ein Sonntag. Das war damals der vierte Advent, den ich **in Breslau** in schlechter Stimmung verbrachte.

Mittwoch, 21. Dezember 2011 *Vor 255 Jahren anno 1756 anno 1756* ward dies ein Dienstag. Die Festtage konnte ich nicht ohne mein geliebtes Musikensemble verbringen. ***Quanz*** und ***Benda*** kamen zu mir nach **Dresden** und leisteten mir angenehme musikalische Gesellschaft.

Donnerstag, 22. Dezember 2011 *Vor 255 Jahren anno 1756* ward dies ein Mittwoch. Ich befand mich seit Wochen im Winterlager **in Dresden**.

Freitag, 23. Dezember 2011 *Vor 255 Jahren anno 1756* ward dies ein Donnerstag, den ich **in Dresden** verbrachte.

Sonnabend, 24. Dezember 2011 Heiligabend. *Vor 255 Jahren anno 1756* ward dies ein Freitag, den ich **in Dresden** musikalisch feierte.

Sonntag, 25. Dezember 2011 Weihnachten. *Vor 255 Jahren anno 1756* fiel der Weihnachtstag auf einen Sonnabend. Dieses Jahr verbrachte ich das Weihnachtsfest **in Dresden**.

Montag, 26. Dezember 2011 Weihnachten. *Vor 255 Jahren anno*

1756 ward dies ein Sonntag. Ich besuchte heute **in Dresden** den Gottesdienst in der **Kreuzkirche**.

Dienstag, 27. Dezember 2011 *Vor 250 Jahren anno 1761* ward dies ein Sonntag. Die zurückliegenden Weihnachtstage hatte ich **in Breslau** verbracht und beging auch das kommende Silvester dort.

Mittwoch, 28. Dezember 2011 *Vor 255 Jahren anno 1756* ward dies ein Dienstag, an dem ich mich **in Dresden** befand.

Donnerstag, 29. Dezember 2011 *Vor 250 Jahren anno 1761* ward dies ein Dienstag. Ich residierte **in Breslau** und war geradezu umringt von meinen Feinden. Diesen Winter nahmen meine Gegner erstmalig ihre Winterquartiere in preußischen Landesteilen ein. Die Russen kampierten in Pommern und die Österreicher in Schlesien. Es standen nur noch etwa 30 Tausend Soldaten unter meinem Befehl, mein Bruder Prinz Heinrich kommandierte über 25 Tausend und der Prinz von Württemberg gar nur über 5 Tausend Mann.

Freitag, 30. Dezember 2011 *Vor 255 Jahren anno 1756* ward dies ein Donnerstag. Ich weilte **in Dresden**, wo ich dieses Jahr die Jahreswende feierte.

Sonnabend, 31. Dezember 2011 Silvester. *Vor 255 Jahren anno 1756* ward dies ein Freitag. Ich feierte anno dazumal Silvester **in Dresden** und auch den Neujahrstag verbrachte ich in der Elbmetropole, wo ich vorübergehend mein Winterquartier nahm.

Register:

aller wichtigen Orte, Bauten, Straßen, Plätze, Ereignisse und *Personen* (*Personenamen kursiv*)

A

B

C

D

E

F

G

H

L

M

N

O

P

Q

R

S

T

U

V

W

XYZ

Buchempfehlungen

Olaf Kappelt **“Spaziergang mit Friedrich dem Großen - Vom Stadttor zum Geburtsort des Königs”**. Berlin historica Verlag. Berlin 2008. ISBN 978-3-939929-10-9

Olaf Kappelt **“Friedrich der Große: Meine Koch- und Küchengeheimnisse”.** Berlin historica Verlag. Berlin 2009. ISBN 978-3-939929-13-0

Olaf Kappelt **“Als Neuenburg und Valangin noch bei Preussen waren, vor 300 Jahren”.** Berlin historica Verlag. Berlin 2008. ISBN 978-3-939929-08-6

Olaf Kappelt **„Berlin Kalender Friedrichs des Großen für das Jubiläumsjahr anno 2011“**. Berlin historica Verlag. Berlin 2011. ISBN 978-3-939929-15-4

Olaf Kappelt **„Potsdam Kalender Friedrichs des Großen - für das Jubiläumsjahr anno 2011”**. Berlin historica Verlag. Berlin 2011. ISBN 978-3-939929-16-1

Hegermann, Burkhard **“Wegweiser durch die Friedrich-Jubiläumsliteratur”**. Berlin historica Verlag. Berlin 2011. ISBN 978-3-939929-14-7

Szenischer Spaziergang, Tafelrunde und Reichstagsbesuch mit Friedrich dem Großen ganzjährig buchbar

Historienauftritt mit dem Schriftsteller Dr. Olaf Kappelt verkleidet als Friedrich II. durch Berlin. Wahlweise mit Reichstagsbesuch und/oder Spaziergang mit königlicher Tafelrunde in Potsdam-Sansoucci.
· öffentliche und exklusive Termine bei jedem Wetter
· Exklusivtermine auch in englischer Sprache möglich
Frühzeitige Reservierung erforderlich unter: www.koenig-friedrich.de
Telefon: 030-450 238 74 / mobil: 0175-950 74 36 / fax: (030) 45 02 41 67

Sie sparen 15 Euro:

☐ **Ja**, ich moechte das dreibändige Kalenderwerk Friedrichs des Großen (Bd. 1: Berlin Kalender, Bd. 2: Potsdam Kalender, Bd. 3: Reise Kalender) in den Folgejahren regelmäßig zugeschickt bekommen. Die Belieferung kann ich jederzeit wiederrufen. Geliefert wird per Nachnahme jeweils Ende November des Vorjahres zum Subskriptionspreis von 14,80 Euro anstatt 19,80 Euro je Band (plus Porto/Versand).

Name und Anschrift: ....
(bitte in Druckbuchstaben) ....
....
Telefon-Nr.: ....

Bitte senden Sie Ihre Bestellung an: **BHV *Berlin historica***
Verlags- und Agenturgesellschaft mbH
Avenue Charles de Gaulle 8a
13469 Berlin
Telefax: 030 - 450 241 67
